贵州集体公益林产权案例研究

金普春 温佐吾 主编

中国林业出版社

图书在版编目（CIP）数据

贵州集体公益林产权案例研究/金普春，温佐吾主编；苏明，李兰丽编.
－北京：中国林业出版社，2007.9
ISBN 978-7-5038-4797-4

Ⅰ．贵… Ⅱ．①金… ②温… ③苏… ④李… Ⅲ．集体所有制－林区－
产权－案例－研究－贵州省 ⅣF326.277.3

中国版本图书馆 CIP 数据核字（2007）第 072869 号

出版 中国林业出版社（100009 北京西城区德内大街刘海胡同 7 号）
网址 http：//www.cfph.com.cn 电话：（010）66184477
E-mail：cfphz@ public.bta.net.cn
发行 新华书店北京发行所
印刷 北京地质印刷厂
版次 2007 年 9 月第 1 版
印次 2007 年 9 月第 1 次
开本 889mm×1194mm 1/32
印数 1~1000 册
印张 3.25
字数 84 千字

定价 20.00 元

本书编委会

序 / FOREWORD

　　林业产权制度改革是南方集体林区解放林业生产力的有效途径，是规范森林资源管理的基础性工作，是理顺林业生产关系，保障林农权益，实现农民增收，促进社会经济发展的迫切要求，它为实现现代林业建设构建了科学、合理的制度平台，成为增强林业竞争力的支撑和手段。《中华人民共和国森林法》、《中华人民共和国土地管理法》等多部法律对林地、林木的所有权和使用权都作了明确规定。改革开放以来，我国南方集体林区先后经历了几次林权制度改革，在当时的历史条件下，为林业生产和生态保护做出了积极的贡献。但是，随着改革的深入和市场经济体制的不断完善，林业发展的深层次矛盾逐渐显现，林地和林木所有权、使用权不明晰，经营机制不灵活，利益分配不合理，森林资源流动不畅和不规范，使得林农经营自主权和林木产品处置权得不到有效保障。尤其是国家林业发展战略实现由以木材生产为主向生态建设为主转变以后，在被划为公益林建设的集体林区，林权引发的矛盾尤为突出。

　　《中共中央国务院关于推进社会主义新农村建设的若干意见》（中发［2006］1号）中明确提出"加快集体林权制度改革，促进林业健康发展"。国家林业局也将集体林权配套改革列为林业"十一五"重点工作，多次召开论坛、经验交流会，认真总结集体林权制度改革的成效，研究新情况，讨论新问题。

　　为配合我国林权制度改革，了解国家实施林业分类经营后集体林区生态公益林所有权和使用权的状况及对基层行政区社会经济发展的影响，国家林业局对外合作项目中心、贵州省林业厅在世界自然基金会（WWF）的支持下，实施了"贵州集体所有公益林产权调查研究项目"，选择了有400多年"耕山种杉"历史的贵州省黔东南州锦屏县进行集体林区生态公益林林权问题调查并对被划为生态公益林区的 3 个村进行了案例研究。

　　该调查报告系统地分析了不同历史时期，特别是新中国成立以来，林业产权制度和经营管理模式的变迁，摸清了现阶段集体公益林权属中存在的问题，提出了集体林区公益林使用权改革的一系列建议。经编辑整理，我们将项目报告和案例分析汇编成书，希望能为贵州省以及我国南方集体林区林权改革起到一定的借鉴和参考作用。

曲桂林

2007 年 6 月

目录 / CONTENTS

序

第 1 章

贵州集体林区公益林产权案例研究

1.1 背景情况

贵州省位于云贵高原东部，地处长江流域和珠江流域上游，是我国东、中部地区的重要生态屏障之一。贵州全省均为山区，山高坡陡，喀斯特地貌面积占全省土地总面积的 62%，面临严重的水土流失危险，是我国主要的生态脆弱地区之一。1998 年以来，国家开始进行大规模的生态环境建设，先后在长江、珠江中上游地区实施天然林资源保护、退耕还林、珠江防护林保护等林业生态建设工程，贵州省又成为我国林业生态建设的重点地区之一。实施天然林资源保护工程之后，贵州省天然林资源保护工程区的所有森林，一律实行禁伐和限伐，森林的商品性采伐完全停止。

1999 年 6 月，国家林业局发布《关于开展全国森林分类区划界定工作的通知》，提出将森林区划成商品林和公益林两大类。对区划界定的公益林，禁止商业性采伐。2001 年 3 月，国家林业局又发布《国家公益林认定办法（暂行）》，规定了国家公益林的具体划定范围、划定程序及方法。根据国家林业局通知和认定办法的要求，贵州省于 2001 年开始进行森林分类区划界定试点工作。在划分的公益林区，还根据生态环境建设的要求和当地经济发展水平，进一步划分重点公益林和一般公益林。对重点公益林实行禁伐，对一般公益林实行限伐。

2003 年 6 月，中共中央、国务院发布《关于加快林业发展的决定》，其中，第 17 条提出，"安排部分造林投资、探索直接收购各种社会主体营造的非国有公益林"。为此，2005 年 4 月，国家林业局、国家发展和改革委员会、财政部等有关部门研究确定，今明两年在贵州省率先开展国家直接收购个人投资营造的重点公益林试点工作，以期通过试点，摸清情况，总结做法，积累经验，制订标准和规范，为以后在全国逐步扩大范围、稳步推开做准备。

贵州省是我国南方主要集体林区之一，在全省林业用地中，属于集体所有的林地占全省林业用地总面积的 91% 以上。20 世纪 80 年代初期，在进行林业"三定"① 等一系列林业经营体制改革工作之后，全省大部分集体林地以自留山、责任山等形式，划分和承包给农户分户经营。因此，尽管贵州省集体林区的林地所有权全部属于集体，但林木的所有权、经营权、处置权则既有集体所有，也有个体所有，还有其他形式所有。在这种情况下，国家实行的天然林资源保护工程区的禁伐、限伐，森林分类区划界定的公益林的禁伐、限伐，以及拟考虑进行的对非国有公益林的直接收购，都将对集体林区集体所有或个人所有森林或林木的所有权和使用权产生不可避免的影响。

锦屏县位于贵州省东部，是我国南方杉木重点产区和贵州省的重点林业县之一。全县不论是林业用地面积，还是有林地面积，属于集体所有的均占 98% 以上。同时，该县是全国集体林区产权制度改革的试点县，经过近 15 年努力，已形成多种形式并存的非公有制林业。自天然林资源保护工程实施、森林分类区划界定工作开展以来，由于实行森林禁伐和限伐，集体林区林农权益得不到有效保障，制约着公益林的可持续经营和非公有制林业的进一步发展。此外，贵州省有关部门也开始在锦屏县进行国家直接收购个人投资营造的重点公益林的调研工作，根据调研结果出台的政策将直接影响到锦屏县集体所有或个人所有公益林所有权、经营权和收益权的

---

① 指稳定山林权、划定自留山、制定集体山林管理责任制的林业工作。

落实。

　　为了调查了解集体林区公益林实行禁伐、限伐之后，集体所有或个人所有的林地、森林或林木在所有权和使用权等方面的现状，所受到的影响，以及国家拟考虑进行的对非国有公益林的直接收购，林区群众的看法、意见和要求，我们立项进行了"集体林区公益林所有权与使用权研究"，选择贵州省锦屏县作为项目实施地区，并在该县选择大同乡绍洞村、河口乡加池村和三江镇菜园村作为调查研究地点。通过调查研究，总结锦屏县集体林区林业经营管理和林业体制改革的经验，了解当前集体林区公益林在权属方面存在的突出问题，为集体林区公益林权属安排、区划界定、经营管理、生态补偿等林业体制改革和分类经营工作的顺利进行，切实保障集体公益林区林农的权益提出相关的政策建议。

1.2　研究地区概况

1.2.1　自然地理概况

　　锦屏县地处云贵高原东部边缘向湘西丘陵盆地的过渡地带，位于贵州省黔东南苗族侗族自治州东部，总面积 1596.9km²。东与湖南省靖州县交界，南与黎平县接壤，西与剑河县相连，北与天柱县相邻。贵州省第二大河流清水江穿越县境，在县城处汇集小江、亮江，使县域内地貌形成 3 个明显的隆起地带。县内最高海拔1345m，最低海拔282m。

　　锦屏县属中亚热带湿润季风气候区，年平均气温 16.4℃，年平均降水量 1326mm。境内自然土壤类型主要有黄壤、黄红壤、石灰土 3 种。原生植被为常绿阔叶林，由于长期人为活动的影响，原生植被基本上被次生植被所代替，现有森林以杉木人工林为主，其次是马尾松和少量阔叶林。

1.2.2　社会经济概况

锦屏县是一个以侗族和苗族为主的多民族聚居县，有侗、苗、汉等 19 个民族。据 2000 年统计数据，全县辖 15 个乡镇，总人口 21.04 万人，其中农业人口 19.06 万人，占全县人口总数的 90.6%。

2004 年，全县国民生产总值 53974 万元，其中农业（含林、牧、渔业）产值 28716 万元。全县财政总收入 3922 万元，财政总支出 18138 万元。城镇居民人均可支配收入 5301 元，劳务输出 30000 人，农民人均纯收入 1441 元。全县粮食总产量 66169t，人均占有粮食 314kg。

天然林资源保护工程实施之前，林业是该县的支柱产业，林业产值占全县总产值的 40% 以上，林业收入占全县财政收入的 60% 以上，是典型的"木头财政"县。全县的经济发展和人民生活，都与林业密切相关。随着国家林业发展方针从产业型向生态型的调整，实施天然林资源保护工程调减木材生产指标，减少木材产量后，锦屏县的林业经济优势已不复存在。

1.2.3　林业资源与林业生产情况

锦屏县土地总面积 239.54 万亩①，其中林业用地面积 175.53 万亩，占土地总面积的 73.28%。据 1999 年森林资源二类调查资料，在林业用地面积中，有林地 133.37 万亩，疏林地 10.21 万亩，灌木林地 5.71 万亩，未成林造林地 8.26 万亩，无林地 10.79 万亩，其他林地 7.19 万亩，分别占全县林业用地面积的 75.98%、5.82%、3.25%、4.71%、6.15%、4.09%。全县森林覆盖率（含灌木林）为 58.1%，森林活立木总蓄积量 406 万 m^3。但由于林种结构和树种结构不合理，单一的杉木用材林占了森林培育面积的绝

---

①　1 亩 = 1/15hm²

大部分。由于杉木人工林的生态脆弱性，全县生态环境质量并没有得到明显改善。

由于历史和自然的原因，林业一直是锦屏县举足轻重的支柱产业，1950 年以来，全县为社会提供木材 350 万 m³ 以上。天然林资源保护工程实施前，锦屏县财政收入的 60% 以上来自林业上交的税费，农民现金收入的 60% 以上来自林业。1990 ~1998 年，该县木材销售税金为 3175 万元，征收育林基金和木材更改资金为 4281 万元，森工企业盈利为 2725 万元，合计 10181 万元，平均年创税（费）利 1131.2 万元，其中年创税（费）利最高年份的 1994 年高达 1689 万元。

1.2.4　林业生态工程实施概况

1999 年以来，锦屏县先后实施天然林资源保护、退耕还林、长江防护林建设、速生丰产用材林基地、植被恢复等国家和省级林业生态建设工程，并进行森林分类区划界定工作，彻底停止商品性木材采伐，大规模培育和保护该县的森林资源，实现了从以木材生产为主向生态建设为主的战略转变。1999 ~2004 年，全县累计完成人工造林（含人工促进天然更新）24.97 万亩，封山育林 18.7 万亩，森林资源从 1999 年的 133.4 万亩增加至 151.4 万亩，森林覆盖率从 1999 年的 58.1% 提高到现在的 63.2%。

1.3　调查研究方法

1.3.1　调研村的确定

经与锦屏县林业局有关部门人员共同商量，确定所选的调研村要符合以下条件：在天然林资源保护工程和森林分类区划中均划分有属于公益林的禁伐区和限伐区，林地、林木分别具有集体、个体、股份制等所有权、使用权方式和经营模式，交通比较便利等。根据以上条件，选择该县大同乡绍洞村、河口乡加池村和三江镇菜园村作为项目的调研地点。

1.3.2　二手资料收集

到贵州省林业厅、锦屏县林业局等部门或通过互联网等媒体，收集有关集体林区林业权属，天然林资源保护工程、森林分类经营等文件、政策、法规、实施状况等方面的二手资料，以及有关集体林区林业体制改革、林权问题的调查研究资料。

1.3.3　制订调研实施方案

经课题组会议集体讨论，制订项目调查研究的实施方案，内容包括课题组人员组成、调研目标、工作及经费开支计划、调查表格、问卷提纲等。

1.3.4　村及农户调查

采用半结构访谈方法，通过座谈会、入户访问等形式，重点对村委会干部和部分农户进行调查访问。调查对象包括在（离）任村干部、村民、联户林场经营者、老林农、青壮年林农等，调查内容参照调查表格和问卷提纲。

1.3.5　县、乡一级调查

通过座谈会、个别交谈等方式，分别对县、乡政府及林业等有关部门领导干部、工作人员进行访谈，了解他们对集体林区公益林所有权、使用权问题的看法与意见。

1.3.6　调研报告撰写

在对调查资料进行汇总整理、课题组成员集体讨论调研报告写作提纲和报告初稿的基础上，分别撰写3个村的调研报告和项目总报告。

1.4　山林经营管理的历史回顾

1.4.1　明、清时期简况

锦屏县作为我国南方杉木中心产区之一和贵州省的重点林区县，栽培杉木人工林已有 400 余年历史。在明、清及新中国成立以前时期，山林权属主要以私有为主。据《锦屏县林业志》记载，锦屏县私有山林最早见于明正统七年（1442 年）前后开始的墓田制。跟随墓田的圈划，部分山林先是划归氏族，后随人口增多划分成若干房族分管，直至划归各户据有，由山林所有者经营。到清代前期，溪河两岸，村寨附近及交通便利地势和土质较好的远山，都基本上为私人占有。雍正以后，随着木材贸易的繁荣，略有家资者莫不重资购买山林土地，由此出现山林土地的兼并现象。乾隆后期，已有姚继周、姜志远等巨富大量购买和经营山林。到了道光年间，山林悉为富家所据，贫者无有。民国 29 年（1940 年），当时的贵州木业公司在锦屏等地大量兼并山林，泰丰、华中、森大木号等一批官僚主义和民族资本企业也相继在县境内购买山林。至土地改革（1951 年）之前，县内山林大多数为富者所有。

明、清及民国时期，买卖、转让和典当是私有山林权属改变的主要方式。交易双方一旦商议成交，交割银两，山林即为买方所有，并签订契约文书作为凭证。契约一般是交易双方签订，并经凭中（见证人）证明就生效。从查阅到的部分明、清时期林业契约中可以看出，山林土地买卖契约通常都包含立契主题、立契人、出卖山林土地缘由、山林土地来源、地名和四至、买主、价格、买卖双方的权利和义务、中间人和书契人、立契时间、执契人等方面的内容。出卖山场的契约，一般契首就书明"立卖山场"。出卖山场上所生长杉木的，一般则书明"立卖杉木"。山场和杉木一起出卖的，则要书明"立卖山场并杉木"或"立卖杉木并山场"。出卖山场林木，一般多系家中缺银使用、缺少口粮、生意亏本、父母亡故、治病婚嫁等等。另外，还有应付官府及军人夫役差费、应付诉讼、捐买官职、还债等缘由。以上述方式改变山林权属，在清雍正时期即在县内盛行，由此产生的契约至今仍在锦屏县很多地方保存。这类契约文书，涉及山林土地买卖的约占六成，佃山造林的约占两成半，划分山林土地及造林成果的约占一成，其他占半成。在山林买卖契约中，有的单纯卖山林，有的单卖山地，有的山地和林木同卖，也有一片山林多次被转卖的现象。

锦屏县明、清时期的林业契约，实际上是一种民间习惯法。一纸林业契约，写明了林地、林木的所有权、经营权、处置权和收益权，是当时锦屏县林业生产关系的集中体现，并保证了林业生产的正常进行。当时的林业经营主要靠契约维持，官府对林业实行无为而治。出现林权纠纷，因为离官府太远，也多半在当地解决。解决的方式包括家族解决、村社解决、宗教形式解决等。1980 年以后，锦屏县收集到的各类林业契约文书达 4000 多份，涵盖了自清雍正年间至民国达 200 多年的历史时期。契约保存较多的地方，主要是清水江沿岸的村寨，如文斗、加池、平熬等村。据了解，锦屏县明、清时期林业契约至今保存，表明村民对过去那种林业经营方式的怀念。也不排除一些村民还认为，契约也许还会重新发挥作用。

明、清时期各类林业契约记载的内容和山林土地经营管理状况表明，当时锦屏县的私有制林业极其繁盛，所有山林无不体现出当时"山有其主，主有其责，责有其权，权有其利"的状况。一份林业契约，往往记载了土地、土地使用、林木、森林的流转脉络和所有权归属，通过记述买卖、租佃、转让、馈赠、继承、合伙生产劳动等活动说明山林土地所有权的来历。当时林业生产的特点可以大致概括为以下几点：

①林地和林木全部属于私有；

②大小林主对其所有的林地和林木拥有充分的处置权和收益权；

③林地和林木市场完全放开，可以自由交易；

④林地和林木的买卖双方以契约作为交易凭据，林业契约具有
比较充分的权威性；

⑤官府在林地、林木交易过程中，基本上没有进行干预。

1.4.2 新中国建立以来不同时期简况

新中国建立以来的50多年间，锦屏县集体林区经历了土地改
革、互助合作、人民公社、林业"三定"、分户经营等不同时期。
随着国家和地方林业政策的变化，山林权属也发生过多次变化。

1.4.2.1 土地改革时期

1951~1952年，锦屏县进行土地改革，在划分农村阶级成分
的基础上，对地主占有的山林全部没收，富农占有的山林实行部分
征收，并进行山林、土地的重新分配。土地改革后，锦屏县山林为
少数富有者占有的现象被彻底改变，雇贫农、中农、富农、地主占
有的山林，分别为全县山林总数的43.4%、35.23%、6.14%和
0.77%，与这些阶层人口构成比例基本吻合。除少量山林属于国
有、集体外，其余均属私人所有，农户既拥有山林的所有权，也拥
有山林的使用权。

1.4.2.2 互助合作时期

从1953年出现第一个造林合作社到1958年实行人民公社制
度，锦屏县的山林经历了由私有制到集体所有制的变革。初期阶段
的互助合作组织，农户将林地入股合作造林，林木收益和其他副产
品按股分成，林地仍属原农户所有。1956年成立高级合作社，农
户私有的成片山林开始折价入社。林价一般采用农户自报、群众评
议的方法进行估价，并由合作社按一定比例、一定年限从林木收益
中逐步兑现。但实际上，随着很快到来的人民公社化运动，绝大多
数林价根本未能兑现。这一阶段，可以说是锦屏县山林由私有向集
体所有转变的过渡时期。

1.4.2.3 人民公社时期

1958～1959年，锦屏县开始实行人民公社制度，个体山林全部无偿归公社集体所有。1961年，根据《人民公社工作条例》规定，又将原划归公社所有的山林下放到生产小队或生产大队所有。1961年贯彻执行《关于确定林权、保护山林和发展林业的若干政策规定（试行草案)》（简称林业政策十八条），允许社员零星种植的树木归社员个人所有。至此，土地改革中分配给农户个体所有的山林，基本上全部被收归集体所有。

1.4.2.4 林业"三定"时期

1981～1983年，锦屏县开展稳定山林权、划定自留山、制定集体山林管理责任制的林业"三定"工作。林业"三定"工作最直接最具体的结果，就是在全县范围内将集体所有的林地划分为责任山和自留山，由农户管理和使用。也有些地方仍保留少量山林由集体经营管理。

责任山是集体所有、划分到组或农户管理的山林。林业"三定"时进行了山林权确定工作，并由县人民政府给村集体发放"山林权所有证"。然后，一些村根据山林管理责任制，将集体所有的山林划分到村民组，村民组又将其划分给农户作为责任山经营管理。责任山的划分一般是根据各村集体山林的面积，大体上按人头平均分配。对划分到户经营管理的责任山，由村统一登记，并编制成清册长期保存。此外，锦屏县也有部分村未将集体山林划分到户，仍由集体经营管理。

自留山是将集体所有的荒山、残次林，按议定的面积划给农户用于造林，每户3～5亩，并规定在3年内完成植树造林，逾期不造，由集体将林地收回。自留山由锦屏县人民政府发给"社员自留山证"，载明地块位置、面积、四至界线等。自留山的林地所有权归集体，使用权归农户。农户在自留山上所造林木的所有权归个人，可以继承和转让。

林业"三定"之后，广大林农对划分到户的集体林地有了部分使用权，对附着其上的林木有了部分所有权和经营权。

1.4.2.5　分户经营时期

1985 年 1 月，中共锦屏县委发布《关于进一步完善林业生产责任制的意见》，决定在林业"三定"工作的基础上，在林地所有权归集体的前提下，将仍由集体经营的山林按人头平分到户经营。至 1986 年 7 月，全县实行分户经营的村和村民组占总数的 80% 以上，分到户经营的林地面积达 41% 以上。许多地方"两山"（责任山、自留山）变成了"一山"（自留山），甚至"三山"（责任山、自留山和集体山）变成了"一山"（自留山）。但是，由于从合作化以来，山林长期归集体所有，林农没有任何处置权和收益权，如今划分到户经营，农户担心以后政策变化，分到手的山林又被收归集体，加上当时木材市场已逐步放开，于是出现全县性的森林乱砍滥伐现象。1983～1990 年，全县人工林中的过熟林和成熟林基本被砍光。而且同样是由于担心政策变化，加之缺乏资金，砍伐后农户大多没有重新造林更新，致使集体山林遭到严重破坏。

为了纠正山林分户经营工作中出现的问题，坚决制止乱砍滥伐现象，保护和发展森林资源，1986 年 8 月，锦屏县委、县政府作出了《关于稳定改善林业生产责任制有关问题的决定》，要求对已经分户经营的山林要核实发证，尚未划分到户的山林停止分配，由集体按原来行之有效的办法管理。1988 年 1 月，又发布《关于加强森林资源管理发展后备资源若干问题的决定》，重申未分的集体山林绝不准再分到户，要实行多种形式的联产承包责任制。

新中国建立以来，锦屏县山林经营管理的情况表明：

①50 多年来，从土地改革、互助合作、人民公社、"文化大革命"，到林业"三定"、分户经营、禁止乱砍滥伐、提倡办乡村林场，再到天然林资源保护工程禁伐限伐、森林分类区划，以及木材

市场的多次放开与关闭等等，我国中央和地方各级政府林业政策的变化频繁；

②我国林业政策变化的时间间隔长则 8~10 年，短则 2~5 年，林业政策变化的周期大大短于林木生长的周期；

③林业政策的频繁变化常常引起林地和林木所有权、使用权的变化，从而导致林农对国家林业政策和林地、林木权属稳定性的担心和不信任，影响到农户的利益和投资经营林业的积极性；

④林业政策和林地、林木权属的变化，往往会导致森林遭到不同程度的乱砍滥伐，影响到集体林区林业的正常发展；

⑤因此，林业政策和林地、林木所有权和使用权的长期稳定，是南方集体林区林业发展的关键因素。

1.4.3 林业体制改革情况

从 1990 年至今，锦屏县连续 3 轮被列为贵州省农村改革试验试点县，在该县进行深化集体林区体制改革的试点。在 1990~1993 年进行的第一轮改革试验中，该县以巩固和发展乡村林场为主线，对部分乡村林场进行股份合作制改造，创办了一批股份合作制林场，使这些林场基本达到"明晰产权，机制转换，组织创新，制度建设"的要求。同时，对具备条件的乡村林场进行木材流通体制改革试验，实行产销直接见面，减少流通中间环节，使集体林区林业收益关系调整得到重大突破，增加了乡村林场和林农收入。此外，营造"公司＋林场＋农户"的投入机制，调动了广大林场造林、育林、护林的积极性。

在总结第一轮改革试验经验的基础上，1996~1999 年，锦屏县又启动了第二轮林业体制改革试验。第二轮改革试验以深化乡村林场管理体制与运行机制改革为重点，对乡村林场实行分类管理，进一步明确森林经营的责、权、利，开展以林业股份合作制为主的多种形式的经营管理体制改革，推进产销直接见面的流通体制配套改革，建立林地、活立木、木材流通产权市场，促进生产要素的有效配置和合理流动，使乡村林场经营走上"产权明晰，职责明确，分配合理，管理科学"的轨道，实现林业可持续发展。

锦屏县的前两轮林业体制改革试验以巩固和发展乡村股份合作制林场为重点，由于抓住林业产权制度改革这个"牛鼻子"，以确立林农受益主体和自主经营地位、增加林农收入为目标，在明晰产权的基础上核发股权证，初步建立起林业产权管理体系框架，加上较好的外部政策和市场环境的配合，使改革试验取得较大成效。

2002 年，锦屏县又被列为贵州省第三轮农村改革试验试点县。按照试验方案，锦屏县将要在加强生态保护和建设的基础上，改革某些林业体制障碍和政策限制，实行林业分类经营，拓宽林业发展空间，开辟新的增收途径，增强经济发展活力，探索集体林区发展新路，形成财政增收和群众增收协调发展，共同促进的新局面。但是，由于实施天然林资源保护工程，锦屏县所有森林实行全面禁伐、限伐，森林分类经营工作也未真正落到实处，锦屏县第三轮林业体制改革工作未能完全取得预期结果。

经过林业"三定"、分户经营和几轮林业体制改革工作，目前，锦屏县集体林区林业用地使用权、林木所有权形式和经营方式主要分为以下几种类型：

①集体所有林地，指林地使用权、林木所有权均归集体的林地，或林地使用权虽划分到户，但由村集体统一组织造林、林木所有权仍归集体的山林，其经营方式主要是各种不同类型的集体林场。据统计，锦屏县集体所有林地面积34.4 万亩，占全县有林地面积的25.8%。

②股份合作制林地，指林地所有权者、林地使用权者、投资者、管理者联营，共同拥有林木所有权的山林，又称混合权属林地。其经营的方式有集体与农户联营、集体与集体联营、农户个体与个体联营、国有企事业单位与集体或农户个体联营等。股份合作制林地面积50.4 万亩，占全县有林地面积的37.8%。

③个体使用林地，指林地使用权划分到户，农户自己投资、自

己造林、自己经营，林木所有权属农户个体的山林，包括划分到户、未参与股份合作制经营的自留山和责任山，面积共 46.4 万亩，占全县有林地面积的 34.8%。

1.5 与集体林区公益林有关的权属问题

在锦屏县的调查过程中，我们通过对加池、菜园、绍洞 3 个村干部和村民的访问，以及与县级和有关乡镇领导、县林业局有关人员的座谈，发现该县与集体林区公益林使用权有关的问题，主要涉及确权发证、禁伐限伐、森林分类区划、森林生态补偿等几个方面。

1.5.1 确权发证与集体和村民权益

林权问题是集体林区林业体制改革的核心问题。林权包括林地所有权和使用权，林木所有权和使用权。其中林木使用权又可细分为林木经营权、处置权和收益权。1981~1983 年进行的林业"三定"，以及 1985~1986 年进行的山林分户经营，其目的就是在稳定山林权属的基础上，通过划分集体山、责任山、自留山，并将自留山和责任山划分到户经营管理，由县人民政府发放相应的产权证书，从而基本上明晰了集体和农户的产权，促进了集体林区林业生产的发展。林业"三定"和分户经营工作的开展，使锦屏县集体林区林农结束了自土地改革以来耕者无其山的状况，使他们对赖以生存的山林有了相当的自主使用权。因此，当我们在锦屏县加池、菜园、绍洞 3 个村调查，问到有关林业"三定"和分户经营的情况时，绝大多数村民对林业"三定"和分户经营工作都给予充分肯定，对所划自留山和责任山分户经营管理十分欢迎，对县人民政府所发"社员自留地山证"非常重视，均妥善保存。

但是，由于对有关政策领会不准，工作上虎头蛇尾，方法简单，锦屏县林业"三定"和分户经营工作在确权发证方面还存在一些需要解决的问题，主要包括：

1.5.1.1　山林权属比较明确，但林权证的发证率低

据锦屏县林业局有关领导介绍以及我们在 3 个村的调查所知，通过林业"三定"、分户经营和林业体制改革等几个阶段的工作，锦屏县集体林区的林地在集体所有的前提下，已分别落实到集体、股份制林场和农户个体经营，山林的权属已大体明晰，基本上做到了"山有主"。但到目前为止，不同经营主体林权证的发放率却较低。林业"三定"期间，全县属于集体所有的山林，由县人民政府发给"山林所有权证"。但林业"三定"工作结束后，"山林所有权证"的发证率只占应发证集体山林面积的 41.5%。凡分配自留山的农户，则由县人民政府发给"社员自留山证"。在林业"三定"和后来的分户经营时期，该县许多集体所有的山林已被划分到户经营。这部分由农户经营的集体山林，实质上已与自留山没有区别，但农户并没有得到山林使用证，只是由各村登记造册，通过分户清册记载各农户的林地划分情况。

目前，国家林业局已统一印制"中华人民共和国林权证"（以下简称"林权证"）。据锦屏县林业局介绍，该县凡退耕还林的林地，均已发放林权证。几个面积较大、规范经营的集体林场，也已发放林权证。但目前已发林权证面积仅有 20 余万亩，只占锦屏县集体林区应发证面积的 1/8，绝大部分集体、股份制和农户个体经营的林地，则均未发放林权证。我们在加池、菜园、绍洞 3 个村调查时，凡问到关于林权证的问题，村民们都表示，愿意将现有的"社员自留山证"换成国家统一印制的林权证。对于分户经营的集体山林，以及许多集体和股份合作制林场，也存在核发山林使用权证的问题。

1.5.1.2　各地存在不同形式林权纠纷

在林业"三定"期间，由于工作疏乎，闭门造车填证，存在林地错填、漏填、同一地块交叉填、地块四至不明、界线不清的现

象，为山林权属纠纷留下了隐患。我们在加池村的调查中了解到，该村与周边中仰、南路等村存在涉及数百亩面积的山林纠纷。村内农户与农户之间，甚至父子、兄弟之间，也存在不同程度的林权纠纷。据锦屏县林业局副局长朱守剑的一个调研报告介绍，该县林地存在林权纠纷的面积占全县林地总面积的 10% 左右。这部分林权不明确，就无法核发林权证。

1.5.1.3 目前仍属集体所有的林地是否再划分到户经营

据锦屏县林业局有关人员介绍，对于锦屏县目前仍属集体所有的山林，不少农户出于多方面考虑，希望划分到户，由自己直接支配和使用。在加池村进行调查时，我们就这个问题询问几个村民的意见，他们都表示，如果能够划分到户，那他们当然欢迎。但是林业局和乡、村的一些人员认为，从林业规模经营和森林管护的效果来看，由集体统一经营管理更适合林业生产的特点和规律，因而不主张再划分到户经营。

1.5.1.4 股份合作制林场由谁持有林权证

锦屏县各乡村现有的各类股份合作制林场，是该县进行几轮林业体制改革的产物，被认为是混合权属的经营实体。这类林场的产权构成复杂多样，有林地所有权股、林地使用权股、林木所有权股，还有资金股、管理股等。但国家所发放的林权证很可能只有一本，究竟由谁持有林权证，目前存在不同看法和意见。不同类型的股权方都担心林权证不发到自己手中，其合法权益得不到保障。例如绍洞村的同心林场，加池村的富池林场，均为农户个体与个体联营的股份合作制林场。参与同心林场经营的农户共有 24 户，经营面积为 4700 亩左右。林场除这 24 户农户自己的自留山、责任山外，还有其他 60 多只将林地入股，而不参与经营的农户。根据联营协议，这 60 多户农户将自己林地的使用权转让给同心林场，在林木砍伐后，可参与分配入股林地上 20% 的收益。在这种情况下，如果国家发放林权证，这 60 多户林地入股而不参与经营的农户，其林权证是发给他们自己，还是发给经营林地的同心林场？如果发给拥有林地使用权的农户，拥有 80% 林木所有权的林场的权益如何体现？如果发给被转让林地使用权的林场，拥有 20% 林木所有权的农户的权益又如何体现？

1.5.1.5　处置权不落实，林农和林场对发证的积极性不高

林业产权除了应具备基本的林地所有权和经营权外，还应具有林木的处置权和收益权。如果林木处置权不落实，其他权益就失去其意义与作用。由于天然林资源保护工程和森林分类区划的公益林实行禁伐、限伐，林农的处置权和收益权无法落实。即使不实行森林禁伐、限伐，按现行林业政策和法规确定的采伐限额和采伐指标审批制度，以及长期以来由林业部门独家经营木材的传统做法，林木的处置权也是掌握在代表政府的林业部门手中，林农对自己经营的林木没有处置权。在调查中我们了解到，由于林木的处置权不落实，大多数林农和集体林场对发放林权证的积极性并不高。他们说：自己经营的林木自己没有处置权，有证无证还不是一个样，要那个林权证又有什么用呢？

1.5.1.6　村集体林地所有权的权益如何体现

集体林区林地的所有权归村集体，但村集体对林地所有权的权益是否应当体现？应当怎样体现？目前在锦屏县，各乡村对这个问题尚没有统一的认识和做法，绝大多数农户和部分股份合作制林场还没有考虑村集体对林地所有权的收益。但据调查，福建省永安市在集体林区林业体制改革中，已经基本上解决了这一问题。许多由农户组建的联户林场规定，林场有收益时，必须向村集体交纳一定比例的林地使用费。我们在锦屏县加池村调查时，发现该村的富池林场已经考虑并注意解决这一问题。他们在林场"管理规定"的分成法中明确规定，林场有收益时，村民委员会的分成比例为

5%，即以村提成的方式，体现了村集体对林地所有权的权益。据
说，也有一些林场以管理股的方式，体现了村集体林地所有权的收
益。我们认为，如果村集体在集体山林的收益中没有任何权益，其
对林地的所有权岂不是一句空话？村集体岂不是成了一个空壳？

1.5.2　禁伐、限伐与县财政收入及集体和村民权益

我们在锦屏县3个村和县林业局等部门进行调查时，感到国家
实施的天然林资源保护工程，以及天然林资源保护工程实行的森林
禁伐、限伐，得到绝大多数群众的拥护与支持。特别是锦屏县
85%以上的森林目前还是中幼林，本来就不到采伐年限。天然林资
源保护工程的禁伐和限伐，正好给了这些森林休养生息的机会。

但是，由于锦屏县毕竟是一个以林业为支柱产业的集体林区
县，天然林资源保护工程实行的禁伐和限伐，也给县、乡财政收入
和林农收入带来不同程度的影响。无论我们是查阅二手资料，是在
乡镇和县有关部门座谈，还是在3个村调查，都从各个方面感受到
这些影响。

1.5.2.1　林业失去支柱产业地位，县财政收入大幅度减少

天然林资源保护工程实行的禁伐、限伐，对锦屏县地方财政收
入的影响最大。天然林资源保护工程实施之前，林业是锦屏县的支
柱产业，林业上交的税费占全县财政收入的50%以上。天然林资
源保护工程实行的森林禁伐、限伐，使锦屏县财政收入锐减。例
如，该县2000年的林木销售税金、育林基金和木材更改资金收入
共计348万元，比1998年的724万元减少376万元，减收52%，
比1994年的1022万元减少674万元，减收66%。2000年全县财
政收入为2167万元，比禁伐前1998年的2557万元减少390万元，
减收15.3%。不过据我们调查，锦屏县因天然林资源保护工程减
少的财政收入，已通过国家财政转移支付、开辟其他财税收入来源
等途径得到弥补。特别是湖南省五陵公司在锦屏县境内清水江上修

建的三板溪大型水力发电站工程，给该县提供了不少税收来源。因此，到2004年，锦屏县的财政收入已达到3922万元，比2000年的2167万元增收80%以上。

1.5.2.2 林农经济收入有不同程度减少，但从副业和外出打工收入中得到弥补

通过查阅二手资料我们了解到，从全县范围内看，天然林资源保护工程实行的森林禁伐、限伐，断绝了林农的木材收入来源，使他们的年均收入明显减少。据统计，天然林资源保护工程实施前的1998年，锦屏全县农民年人均纯收入为1258元。天然林资源保护工程实行森林禁伐、限伐后的1999年为948元，比1998年减少310元，减收25%。

在我们所调查的3个村，森林禁伐、限伐对集体和村民经济收入的影响有两种不同的情况。一种情况是菜园村，该村有相当面积杉木林是20世纪70年代造林，至天然林资源保护工程实施之前的80年代末、90年代初，这些杉木林陆续进入成熟阶段，已有正常的木材采伐和林业收入。天然林资源保护工程的禁伐、限伐，使菜园村的木材采伐完全停止，经济收入受到明显影响。以禁伐之前的1989年与禁伐之后的2004年相比，菜园村的林业产值由14.1万元降低到0.23万元，在全村总产值中所占的比重由32.7%降低到0.24%，可见天然林资源保护工程的禁伐、限伐对菜园村林业生产的影响是比较明显的。为弥补木材收入减少的损失，菜园村大力发展各种副业。2004年，该村副业产值由1989年的5.1万元增加到70.5万元，在全村总产值中所占的比重由11.8%增加到74.1%，

另一种情况是加池村和绍洞村。我们在进行调查时，感到天然林资源保护工程的禁伐、限伐对村民现阶段经济收入的影响不是很明显。以加池村为例，其原因大致有以下几点：

①20世纪80至90年代的乱砍滥伐，加池村的近熟、成熟林木早已基本砍光，现有杉木林都是20世纪90年代初期新营造的，

目前还都是中幼林。因此，从天然林资源保护工程实施之前直至现在，村里已基本上没有像样的木材采伐，木材收入在村民总收入中所占的比例不大，因此禁伐、限伐对加池村集体和村民收入的影响不明显。但10~15年之后，村里的林木将大面积进入近熟和成熟期，如果禁伐和限伐继续实行下去，就将对加池村集体和村民依靠木材取得的经济收入产生较大影响。

②由于杉木的生长周期长达25年左右，在天然林资源保护工程实施之前，具体到某一个农户，一般是好些年才能申请到一次木材采伐指标。即使得到一点采伐指标，砍伐和出售少量木材，但因为木材由林业部门独家经营、木材税费过重（一般占销售收入的50%以上）等原因，林农实际得到的现金收入也并不多。如按两次采伐相隔的年限平均计算，平均每年的木材收入就更加少了。因此，农户对森林和木材的依赖并不很大。

③加池村山高坡陡，人多田少。为解决生计，从20世纪80年代末期，就有不少劳动力到沿海地区打工。天然林资源保护工程实施以来，外出打工劳动力增加。2004年该村外出打工的劳动力共有114人，占全村劳动力总数的24%。据锦屏县有关部门统计，每个劳动力每年寄回家中的打工收入平均可达2000元以上。加池村2004年的打工收入估计为22万元以上，全村平均每人近300元，已能弥补因森林禁伐、限伐而减少的收入。

当然，对加池村和绍洞村而言，禁伐和限伐对村民现阶段经济收入的影响不明显，并不等于将来也不明显。随着两个村大面积杉木中幼林逐渐成熟，10~15年以后，其影响就可能会变得越来越显著，这是需要引起充分注意的。

1.5.2.3 "谁造谁有，合造共有"政策得不到落实，经营者的投资、投劳得不到回报

为鼓励集体和农户个体造林，扩大森林资源，保障造林者的合法权益，我国长期以来一直推行"谁造谁有，合造共有"的林业

政策。20 世纪 80 年代后期至 90 年代初期，锦屏县各级政府号召组建各类乡村集体林场和股份合作制林场，鼓励集体和农户个体大力造林，并在资金、技术等方面给予扶持。据我们调查，当时加池村建立了三八、富池、江行 3 个联户林场，绍洞村建立了 1 个同心联户林场，菜园村则早在分户经营时期就建立了 1 个村集体林场和三德、四料两个村民组集体林场。3 个村各集体或联户林场与锦屏县营林公司合作，由林场投入土地和劳力，县营林公司通过世界银行贷款、林业专项贷款等各种渠道筹集资金，按每亩 80～100 元的投入，营造了较大面积的杉木商品用材林。合作双方商定，所造杉木人工林在造林之后 25～30 年采伐，采伐后每亩归还营林公司杉木商品材 1m³，用以偿还当年的造林投资。以绍洞村同心联户林场为例，他们共造林 4700 亩，造林贷款共计 42 万余元。此外，一些农户也通过自筹资金、贷款等方式，营造了不少杉木用材林。

随着天然林资源保护工程的实施，森林分类区划界定工作的开展，锦屏县许多由村集体、农户个体或与其他投资者合作投资、投劳营造的杉木商品用材林被区划为公益林，实行严格的禁伐和限伐。我们所调查的 3 个村，因为地处贵州省第二大河清水江的两岸，绝大部分山林都被划为禁伐区和限伐区。森林的禁伐与限伐，使集体和村民采伐木材无望，经济收入减少，归还贷款无门，一下子陷入困境。同时，国家倡导的"谁造谁有，合造共有"政策得不到落实，使国家在不同时期制定的政策互相矛盾，影响了政府的威信和形象。还使集体和个体林业经营者的投资、投劳得不到回报，损害了林业经营者的利益，侵犯了他们对林木的处置权和收益权，挫伤了其造林的积极性。

1.5.3 森林分类区划与集体和村民权益

2001 年，锦屏县被确定为贵州省天然林资源保护工程县级实施方案编制的试点县，在编制天然林资源保护工程实施方案的同时，还进行了森林分类区划的试点。在森林分类区划过程中，锦屏县根据国家林业局《关于开展全国森林分类区划界定工作的通知》、《关于抓紧组织编制天然林资源保护工程县级实施方案的通知》和《贵州省森林分类区划实施细则》的有关规定，将全县林业用地划分为禁伐区、限伐区和商品林区。分类区划的结果，全县175.53万亩林业用地中，禁伐区为63.70万亩，限伐区为39.91万亩，商品林区为71.91万亩，分别占林业用地面积的36.29%、22.74%、40.97%。

1.5.3.1　公益林区划过多，商品林区划过少

多年来，锦屏县一直是我国南方传统的杉木商品林基地，是贵州省重要的林业县。林业收入既是锦屏县财政收入的主要来源，也是该县集体和农户收入的重要来源。锦屏县的森林分类区划工作，没有充分考虑锦屏县产业结构的这一特点，区划的公益林占全县林业用地面积的将近60%，比例过大，商品林则只占40%，比例过小，这对锦屏县域经济的发展、集体和农户经济收入的增长是不利的。

1.5.3.2　森林分类区划与集体和村民的知情权

在锦屏县林业局调查时，我们看到了该县的森林分类区划图。由于加池村、菜园村的大部分林地直接面向清水江，绍洞村位于清水江与亮江之间，根据分类区划图上标示的区划情况，加池村和菜园村的大多数林地，绍洞村的相当面积林地，都被划成禁伐区和限伐区。但是，当我们在加池、菜园和绍洞3个村进行调查，问到有关天然林资源保护工程和森林分类区划的情况，以及实行禁伐和限伐的问题时，村干部和村民们对天然林资源保护工程实行的禁伐、限伐几乎都知道，但对森林分类经营几乎都不知道。我们在锦屏县林业局进行调查时，县林业局有关领导也证实，锦屏县的森林分类区划是由省、州、县林业专业人员完成的。在进行区划工作时，没有与禁伐区、限伐区范围内的社区和村民见面，有关的村和村民均

不知情。

我们认为，锦屏县森林分类区划的对象，绝大多数是集体所有、农户个体使用的林地。森林分类区划的结果，是要将他们所有或使用的相当大面积林地划成禁止或限制采伐的公益林，这是涉及到他们切身利益的大事。即使只是搞试点，也应与村集体和农户见面。不与他们见面，不让他们知情，是十分不妥当的，是对他们合法权益的不尊重，甚至可能会引起某些不必要的矛盾和纠纷。

1.5.3.3　容易引起新的矛盾

锦屏县的森林分类区划工作，是与该县编制天然林资源保护工程实施方案的工作结合在一起进行的。因此，天然林资源保护工程实施方案所区划的禁伐区、限伐区和商品林区，也基本上就是森林分类经营所要区划的重点公益林区、一般公益林区和商品林区。但锦屏县至今并未开展森林分类经营工作，目前实行的森林禁伐和限伐，仍然是按照天然林资源保护工程的要求进行的。我们在调查中了解到，村民们对天然林资源保护工程实行的全面禁伐和限伐，一般是没有太大意见的，因为他们认为这是国家的统一规定，全县的山林都被禁伐、限伐了，大家都差不多。但是，如果村民们知道锦屏县已经进行了森林分类区划，有些林地被区划为公益林，可能会被长期禁伐下去，有些林地被区划为商品林，可能在哪一天被解除禁令，重新进行正常的木材采伐，结果又会是什么样子呢？

正好从 2003 年开始，国家林业局决定在贵州省天然林资源保护工程区的商品林区进行木材采伐的试点工作，锦屏县是省里的试点县之一。据锦屏县林业局领导介绍，采伐试点工作开始后，在各方面引起一些新的矛盾。有些林场、农户听说县里搞采伐试点，也要求进行采伐。当他们得知被划入禁伐区、限伐区的林场和农户不能批准采伐后，意见很大。这就说明，锦屏县的森林分类区划工作，因为没有得到集体和个体林地所有权者和使用权者的认可，一旦正式开始实行林业分类经营工作，特别是商品林区实行正常的采伐时，必将在公益林区林地使用权者与商品林区林地使用权者之间产生新的难于解决的矛盾。

1.5.4 森林生态补偿与国家直接收购公益林

集体或农户个体经营的人工林被划为公益林实行禁伐、限伐后，国家有无必要的经济补偿？怎样补偿？这是锦屏县集体林区干部群众，县林业局等有关部门，以及县里各级政府领导普遍关心的问题。为此，我们分别就森林生态补偿和国家直接收购个人投资营造的公益林问题，进行了调查访问。

1.5.4.1 关于森林生态补偿

《中华人民共和国森林法》（1998 年 4 月 29 日）第八条规定："国家设立森林生态效益补偿基金，用于提供生态效益的防护林和特种用途林的森林资源、林木的营造、抚育、保护和管理"。《中共中央国务院关于加快林业发展的决定》（2003 年 6 月 25 日）又明确规定："凡纳入公益林管理的森林资源，政府将以多种方式对投资者给予合理补偿。"按照森林法和中央规定，对锦屏县被划为公益林实行禁伐、限伐的集体和农户个体的山林，应当由政府给予合理的补偿。据了解，从 2004 年开始，国家拿出 20 亿元人民币，对 4 亿亩公益林进行生态补偿，每亩每年平均 5 元。但是据锦屏县林业局介绍，国家实施的该项森林生态补偿，是在非天然林资源保护工程区进行。锦屏县属于天然林资源保护工程区，因此不论是集体林场，还是个体农户，均得不到此项补偿经费。

那么，国家每年拨给锦屏县的天然林资源保护工程经费中，有没有给予村集体和农户的补偿份额呢？据锦屏县林业局有关同志介绍，国家所拨天然林资源保护工程经费，主要包括林业部门特别是国有森工企业的开支，没有考虑对村集体和农户的补偿。按有关规定，国家拨给的天然林资源保护工程经费，主要有下列用途：森林管护费、森工企业下岗职工困难补助费、森工企业职工一次性安置费、养老统筹费、政策性社会性开支等。其中森林管护费又分为公务费、基础设施费、护林员工资等几个部分。上述经费中，只有护林员工资这一块经费与农村和村民有关，但国家也并未规定必须聘请农村护林员。由于锦屏县森工企业人员多，安置任务重，为安排一些森工企业人员重新就业，使林业系统职工队伍稳定，因此，锦屏县在用这项经费聘请护林员时，既安排了部分村民担任护林员，也安排了部分森工企业职工担任护林员，其人数大约各占50%。

关于集体林区公益林的补偿问题，村民们有何意见呢？在3个村的调查中，不少村民对这个问题谈了他们的看法，提出了许多建议和要求。例如加池村村民姜绍槐说，我们这里是靠林生活，林、田互补，田不够吃，靠林来补。村里的山林被列为禁伐区，搞成生态林，农户的生活无法解决。国家要考虑群众利益，要给予补偿。补偿要落实到个人，或者落实到集体。

1.5.4.2　关于国家直接收购公益林

《中共中央国务院关于加快林业发展的决定》提出，要安排部分造林投资，探索直接收购各种社会主体营造的非国有公益林。根据这一决定，贵州省已经开始进行国家直接投资收购个人营造的重点公益林的调研工作。调研内容包括收购的方式、时限、基价、收购对地方财政和林农的影响、收购后的保护管理措施等等。

我们在加池村调查时，向几位村民问到有关国家收购禁伐区公益林的问题，有的村民说，只要合理作价，老百姓还是赞同的。但在作价时，最好按林木一个生长周期结束时的价值收购。也有村民说，如果国家收购，我们只卖林子，不能卖山卖土。如果卖了山，卖了土，只是我们这一辈人得好处，以后子孙后代就没得吃了，连柴火都没得砍。还有些村民说，国家划定禁伐区、限伐区，或者收购公益林，老百姓的生存空间就少了，砍柴怎么办？生火、取暖怎么办？国家应考虑老百姓的利益。

1.6 关于集体林区公益林使用权问题的建议

　　锦屏县是贵州省的一个重点集体林区,我们在该县调查发现的有关集体林区公益林使用权方面的一些问题,在全省实施天然林资源保护工程的集体林区都有一定的代表性。为使各级政府部门对这些问题引起重视,进一步完善集体林区公益林使用权方面的有关政策,促进当地生态、经济、社会等各方面发展,特别对调查中所发现的问题提出如下建议:

1.6.1 确权发证,进一步维护林农权益

　　《中共中央国务院关于加快林业发展的决定》中提出,要进一步完善林业产权制度,依法严格保护林权所有者的财产权,维护其合法权益。对权属明确并已核发林权证的,要切实维护林权证的法律效力。对权属明确尚未核发林权证的,要尽快核发。对权属不清或有争议的,要抓紧明晰或调处,并尽快核发权属证明。为此,锦屏县集体林区的确权发证,建议主要抓好下列工作:

1.6.1.1 关于山林权属的确定

　　锦屏县经过林业"三定"、分户经营和林业体制改革等几个阶段的工作,山林权属已基本明晰。但据锦屏县林业局调查,该县村与村、农户与农户之间也还存在少量林权纠纷,全县存在纠纷的林地面积大约占林地总面积的10%。因此,建议今后要认真执行《中共中央国务院关于加快林业发展的决定》中有关山林权属的规定,即已经划定的自留山,由农户长期无偿使用,不得强行收回。分包到户的责任山,要保持承包关系稳定。新一轮的承包,都要签订书面承包合同,承包期限按有关法律规定执行。对目前仍由集体统一经营管理的山林,要区别对待,分类指导,积极探索有效的经营形式。不管采取哪种形式,都要经过本集体经济组织成员的民主决策。

对村与村、农户与农户之间存在的林权纠纷，建议由县、乡镇和村民委员会根据各自的管理权限，积极、认真、细致地逐步给予调解，为林权证的发放创造有利条件。

1.6.1.2　关于林权证的发放

锦屏县集体林区林权证的发放率很低，村集体只持有县人民政府发放的"山林所有权证"，农户个体除持有"社员自留山证"外，没有责任山的林地使用权和林木所有权证，不利于村集体和农户个体自身的维权，也不利于林地、林木的合理流转。鉴于国家林业局已经印制全国统一规格的林权证，调查中所有村民都愿意核发或换发林权证，因此，建议锦屏县充分利用本县山林权属已基本明晰的有利条件，抓紧时间完成全县集体和农户个体林权证的核发和换发工作，具体建议如下：

①以原有林地地籍档案为依据，核实各村林地情况，将林业"三定"时发给村民委员会的"山林所有权证"换发成林权证，在林权证的"森林、林木、林地状况登记表"栏目中，明确记载和赋予村民委员会对该村林地的所有权。

②确认林业"三定"中对农户自留山的划分结果，将林业"三定"时发给农户的"社员自留山证"换发成林权证，在林权证的"森林、林木、林地状况登记表"栏目中，明确记载和赋予农户对自留山的使用权以及自留山上林木的所有权，确保农户对自留山的长期无偿使用。

③对林业"三定"、分户经营时期划分给农户经营管理的责任山，首先以当时的清册为依据，确认农户对责任山的使用权，并由村民委员会为发包方，使用责任山农户为承包方，签订和完善林地承包合同书，明确各方的权利、义务、承包年限等。为体现村民委员会对集体林地所有权的权利，林地承包合同书中还应明确承包方向发包方缴纳林地使用费的义务，以及缴纳的数额、方式等。对于明显不合理、甚至不合法的责任山划分，应在村民会议或村民代表

会议讨论通过的基础上，在签订林地承包合同书时予以修订。然后，由农户向县林业局申请林权登记，经审核后发给其林权证，在林权证的"森林、林木、林地状况登记表"栏目中，明确记载和赋予农户在承包期内对责任山的使用权以及责任山上林木的所有权。

④对目前仍由村集体统一经营管理的林地，是继续由村集体统一经营管理，还是划分到户经营，要通过村民会议或村民代表会议讨论决定。如果继续由村集体经营管理，林权证应发给村民委员会，明确村集体对林地的所有权和使用权，并可采取"分股不分山，分利不分林"的办法，将产权落实到村集体和村民头上。如果划分到户经营，林权证则应发放给农户，明确其对林地的使用权。

⑤锦屏县各种类型的股份合作制林场，一般是根据《中华人民共和国森林法》的有关规定，通过林地使用权的转让或作价入股等途径和有关协议、合同组织起来的。当林地的原使用权人将林地转让给股份合作制林场后，其林地的使用权即发生了变化。在这种情况下，转让双方可以根据《中华人民共和国森林法实施条例》（2000）关于"改变森林、林木和林地所有权、使用权的，应当依法办理变更登记手续"的规定，到林权登记机关办理林地使用权的变更登记手续，并依据双方签订的协议书、合同书等文件，约定双方的责任、权利和义务。如果林场的入股农户过去未发放林权证，后来补发或新发证时，也应当发给入股的农户，并由入股农户和林场双方协商，办理林地使用权的变更手续。

⑥对有权属争议的林地，要坚持"先调处，后发证"的原则，不要操之过急，盲目发证，以免留下林权纠纷的隐患。

1.6.1.3 精心组织，认真实施

锦屏县历经多年、多次林权制度改革，但每次都因任务重、时间紧、工作责任心不强等原因，使确权发证工作遗留许多问题。此

次确权发证工作一定要吸取历史教训，做到领导高度重视，经费人员到位，深入调查研究，精心组织实施。要尊重历史，尊重林农意愿，依靠法律，正视现实，认真处理历史遗留问题。无林权争议的林地要尽快发证，有林权纠纷的林地，要调解处理好后再发证。林权证要做到"四至"清楚，并附万分之一地形图，以避免今后引起新的林权纠纷。发证的时间、进度一定要绝对服从质量，做到善始善终，把各项工作做好，为锦屏县集体林区林业的可持续发展奠定良好基础。

1.6.2　完善政策，更多关注集体和农户利益

锦屏县实施天然林资源保护工程以来，由于实行全面的禁伐、限伐，使林业失去在该县的支柱产业地位，县财政收入大幅度减少。县森工企业人员大量待岗、下岗，面临困境。林农经济收入有不同程度减少，许多村民不得不外出打工，以弥补收入的减少。国家长期以来实行的"谁造谁有，合造共有"政策得不到落实，林地使用者的投资、投劳得不到回报。

为解决因实施天然林资源保护工程而出现的一系列矛盾和问题，国家出台了许多政策措施，包括通过财政转移支付，解决天然林资源保护工程区县财政减收的问题。拨付巨额天然林资源保护工程经费，解决森工企业人员的转岗、下岗职工困难补助、职工一次性安置、养老统筹等问题。对林业部门的政策性社会性开支、公务开支等，也安排得比较周到全面。应当说，国家为保证天然林资源保护工程的顺利实施，对工程区各级政府部门的财政收入、各项开支，对国有企事业单位人员的困难与问题，凡是能想到、能解决的，都尽可能地考虑和解决到了。

但是在调查中，我们十分遗憾地看到和感受到，国家设计和出台的天然林资源保护工程的各项政策措施，却基本上没有考虑到锦屏县占全县林业用地面积98%以上的集体林区的乡村和农户。一实行禁伐、限伐，就把村集体和农户对林地的使用权冻结了，农户

失去了从他们自己投资、投劳所营造的杉木人工林中获得收益的权利，不得不外出打工。一实行禁伐、限伐，就把国家长期以来实行的"谁造谁有，合造共有"的政策给否定掉了，农村集体和农户个体的投资、投劳无法得到回报，造成新老政策互相矛盾，使广大农户对国家林业政策稳定性的疑虑与日俱增。就连天然林资源保护工程经费森林管护费中可以用来聘请农村护林员的这部分经费，也因锦屏县不得不安置大量下岗森工企业职工，而只有将近一半能用于农户。

从上面的情况我们感觉到，由于数年前天然林资源保护工程的实施，使得天然林资源保护工程出台的一些政策措施不太完善，存在一些比较明显的问题。其最主要的表现，就是对南方集体林区集体和广大农户的权益有所忽视。但从锦屏县的调查情况我们可以看到，广大农户并没有像某些森工企业职工一样，利益一受到影响就闹，就上访，从而引起林区的不稳定，而是比较平静地承受了政策不完善给他们造成的损失。这一方面是因为一些村民出外打工，在一定程度上弥补了他们收入的减少，另一方面也与锦屏县85%以上人工林目前还是中幼林，禁伐、限伐的影响显现得还不十分紧迫有关。

但是我们预计，再过几年，当锦屏县集体林区大面积杉木人工林从中幼林逐渐变成成熟林时，禁伐、限伐的矛盾很可能就要突出出来。因此，我们建议从地方到中央的各级政府，要十分注意和重视这一问题。在实施天然林资源保护工程的南方集体林区，要把保障集体和农户权益的问题摆到十分重要的地位，及早研究和解决目前政策的不完善之处，抓紧时间解决和落实集体和农户确权发证、森林分类区划与经营、森林生态效益补偿、发展替代产业等问题，促进集体林区林业的可持续发展。

1.6.3 调整森林分类区划，兼顾生态和经济效益

针对锦屏县各村和村民对该县森林分类区划不知情的问题，我

们还访问了贵州省天然林资源保护工程管理中心的有关负责人。据介绍，2001 年进行的森林分类区划，锦屏县是试点县之一。由于当时主要是采用卫星照片进行区划，照片的比例尺小，图斑涵盖面积过大，使得区划的结果比较粗。此外，当时的森林分类区划主要是搞试点，不是搞区划界定，所以没有要求区划所涉及的村和农户到现场，也没有要求他们签字确认。对上次的森林分类区划结果，锦屏县还可以利用目前正在进行的森林资源二类清查资料进行重新调整。正因为上次的分类区划没有进行现场认定，没有集体和农户的签字确认，现在才重新进行调整的可能和余地。在对分类区划进行重新调整时，可以进一步研究、确定公益林区和商品林区的合适比例，考虑将人工林尽可能划入商品林区，或划入限伐区。因为今后实行森林分类经营时，商品林区可进行商业性采伐，包括皆伐，限伐区可以进行抚育伐和择伐。

为使集体林区的森林分类区划做到既保证生态效益，又兼顾集体和农户个体利益，我们提出如下几点建议，供有关部门对锦屏县森林分类区划进行重新调整时参考：

1.6.3.1　公益林区和商品林区的面积比例要适当

从明、清时期以来，锦屏县就一直是我国南方传统的杉木商品林产区。建国 50 多年来，锦屏县一直是贵州省重要的林业县，林业收入既是该县财政收入的主要来源，也是该县集体和农户收入的重要来源。但锦屏县 2001 年进行的森林分类区划，没有充分考虑到该县产业结构的这一特点，区划的公益林区占全县林业用地总面积的近 60%，比例过大，商品林则只占 40%，比例过小，这对锦屏县林业产业体系建设，对县域经济发展，以及对集体和农户经济收入的增长是十分不利的。

关于公益林的适宜面积比例，《中华人民共和国森林法实施条例》（2000）第八条中有一个规定：“省、自治区、直辖市行政区域内的重点防护林和特种用途林的面积，不得少于本行政区域森林总面积的百分之三十。"锦屏县森林分类区划中公益林区所占的比例，可以参考该条例的这一规定。根据锦屏县位于清水江流域，生态地位较为重要，同时又是贵州省重要集体林区，林业产业在县级财政收入和集体及农户经济收入中所占地位也十分重要的具体情况，我们建议，在对锦屏县森林分类区划进行重新调整时，公益林区（包括实行禁伐的重点公益林区和实行限伐的一般公益林区）面积占全县林业用地总面积的比例，以控制在 30%～40% 的范围为宜。在公益区划范围内，禁伐区的面积宜适当偏小，限伐区的面积宜适当偏大。

1.6.3.2 森林分类区划界定要尊重集体和农户权益

锦屏县森林分类区划的重新调整，除界定工作要细，要具体落实到山头地块，为今后的森林分类经营奠定坚实的基础外，还要充分尊重集体和农户的权益。为此我们建议：

第一，国家林业局《关于开展全国森林分类区划界定工作的通知》（1999）中明确规定：林权证是森林、林木、林地所有权或使用权唯一的法律凭证。界定工作要以林权证为基本依据，不得随意变更原有的林地所有权和使用权。尚未确权发证的林地，凡是权属清楚的，由县或县以上人民政府核发林权证后再界定。原林权证登记四至不清或数据不实的要依法核准后再进行区划界定。依法流转使林权发生改变的，森林分类区划界定要在其完成了林权权属变更登记之后进行，非法变更的一律无效。据我们调查所知，锦屏县集体林区除少数集体林场外，至今没有换发或发放国家统一印制的林权证。因此，锦屏县的森林分类区划界定工作，一定要在对集体和农户个体使用的林地进行确权发证的基础上进行。

2002 年 8 月，贵州省人民政府办公厅转发的省林业厅《关于开展森林分类区划界定工作的意见》中明确要求，森林分类区划界定工作要做到尊重历史，尊重群众意愿。要做到"四个不界定"，即基层领导不到现场不界定，林权所有者和经营主体不到现场不界定，群众代表不到现场不界定，村民委员会不认可不界定。应该说，国家林业局和省林业厅的有关规定已经很明确具体，因此我们建议，锦屏县在对森林分类区划进行重新调整时，一定要严格按照国家林业局和省林业厅的规定实施，尊重群众，认真负责，细致工作，千万不要再留下后遗症。

1.6.3.3 尽早实行林业分类经营

《中共中央国务院关于加快林业发展的决定》中提出：要实行林业分类经营管理体制，将全国林业区分为公益林业和商品林业两大类，分别采取不同的管理体制、经营机制和政策措施。

根据中央决定精神，在完成森林分类区划界定工作之后，锦屏县应尽早建立和实行林业分类经营管理体制。对商品林区应改革和完善林木限额采伐制度，按照基础产业进行管理，主要由市场配置资源，使林地的使用权人能够按照市场规律、经济规律，独立自主、自负盈亏地经营商品林。

《中共中央国务院关于加快林业发展的决定》指出，公益林业要按照公益事业进行管理，以政府投资为主，吸引社会力量共同建设。但是，在锦屏县这样一个传统杉木人工林区进行公益林业建设，必然面临许多新的矛盾和问题。因此，除国家要加大投入，强化对集体林区公益林区的森林生态补偿之外，锦屏县应根据本县公益林区林地所有权和使用权属于集体或个体、森林以人工林为主、树种以杉木为主的具体情况，探索适合本地特点的公益林管理体制、经营机制和政策措施。公益林的经营要避免从过去只重视经济效益的"大木头主义"的极端，走向只重视生态效益的"禁伐主义"的另一个极端。应在保证生态效益优先的前提下，通过禁伐区的坚决保护和限伐区的保护与利用相互协调，适当发挥公益林的经济效益，实现公益林区的可持续经营和集体林区社会的和谐稳定。

1.6.4 落实公益林生态补偿和经营管理，保障村集体和农户利益

对集体林区公益林实行森林生态补偿，一直是各级政府部门、社会各界特别是公益林所在地区集体和农户十分关注的问题。针对公益林的生态补偿和经营管理问题，我们在调查研究基础上提出几点建议，供有关领导部门决策时参考。

1.6.4.1 对集体林区公益林实行有效的生态补偿

《中华人民共和国森林法实施条例》（2000）指出：防护林和特种用途林的经营者，有获得森林生态效益补偿的权利。但是，目前我国公益林实行某种程度森林生态补偿的地区只限于非天然林资源保护工程区，而没有包括天然林资源保护工程区。就是在非天然林资源保护工程区实行的补偿，也只是每年每亩5元人民币，而且还不能保证百分之百到达农户手中。如此低的标准，实际上根本不能叫做"补偿"，只能叫做一定程度的"补助"。

对天然林资源保护工程区集体林区公益林实行森林生态补偿，是我们在调查中普遍听到的意见与要求。但是迄今为止，国家每年所拨的天然林资源保护工程经费中，却没有包括任何的生态补偿经费。因此，为保障农户从他们所经营的森林获得收益的权利，建议国家下拨每年的天然林资源保护工程经费时，应包含森林生态补偿经费在内，对划分为公益林，实行禁伐、限伐的人工林实行有效的生态补偿。

1.6.4.2 确定实行森林生态补偿的对象和标准

实行森林生态补偿的主要对象，应是进行森林分类区划界定之后的重点公益林区，即实行禁伐的人工林区。补偿的标准是个十分重要的政策问题，应通过认真细致的调查研究，在征求各方面意见的基础上，根据被补偿公益林的年龄、生长状况、防护效果等具体情况确定。例如目前，可暂按非天然林资源保护工程区每年每亩5

元的标准予以补助。对于实行限伐的一般公益林区，也应该给以适当的森林生态补偿，补偿的标准可低于重点公益林区。

1.6.4.3　慎用国家直接收购措施，提倡公益林的社区共管

在锦屏县这样一个集体所有的人工商品林区，应慎用国家直接收购公益林的措施，因为许多农户对此并不赞成。试想如果农户失去了林地和森林，他们怎样去求生存？而且，失去林地或森林的林农，管护森林的积极性会大大降低，收购后的公益林又怎样管得好？因此，对集体所有的公益林，建议借鉴自然保护区合作共管的模式，在林地、林木权属不变的前提下，由国家公益林管理部门、社区和农户3方组成共管组织，共同管理该社区的公益林。国家公益林管理部门负责制定公益林建设、改造规划和经营方案，负责监督和检查，确保森林生态效益的有效发挥。林农负责公益林的培育和管护，在不破坏森林资源的前提下，可以通过择伐、间伐等方式，适当发挥森林的经济效益。社区则承担组织林农防火、灭虫、防盗伐、调处纠纷、协调关系等职能。参与共管的各方，共同承担相关责任，共享权力和收益，并为各自追求的经营目标投资投劳。这种共管模式既可避免主要靠行政命令、强硬措施实现生态效益的目标，从而引起政府管理部门与林农的对立，又可明确各方的责、权、利，在保护、经营、投入和收益上都有保证。

1.6.4.4　引导农户开辟新的生产门路

由于公益林的禁伐和限伐，使林农的生存空间受到影响。为了不降低他们的收入水平，锦屏县各级政府部门应加强对农村劳动力的培训，引导他们逐渐开辟新的生产门路。例如，有组织地向东部发达地区输出劳动力，通过打工增加收入。又如，引导绍洞村、菜园村这些离县城近的农户通过种植蔬菜、饲养家禽家畜发展城郊型经济，引导加池村等位于三板溪水库周围的农户发展生态和民族风情旅游等等。

参 考 文 献

锦屏县林业志编撰委员会 . 锦屏县林业志 . 贵阳：贵州人民出版社，2002.08.

贵州年鉴社编辑部 . 贵州年鉴（1999、2000、2001）. 贵阳：贵州年鉴社，2000，2001，2002.

中华人民共和国农村土地承包法 . 2002.08.29.

中华人民共和国森林法 . 1998.04.29.

中华人民共和国森林法实施条例 . 2000.01.29.

中共中央国务院关于加快林业发展的决定 . 2003.06.25.

贵州省林地管理条例 . 中国法制信息网 . 2003.09.28.

第2章

锦屏县绍洞村集体林区公益林使用问题调研报告

2.1 绍洞村基本情况

绍洞是锦屏县大同乡的一个村，位于县城的正南面。从县城沿清水江步行约 3km 的柏油路，即到归石溪与清水江的交汇处，再沿归石溪北上约走 3km 的林区公路，就到了绍洞村。绍洞村沿归石溪上段的两岸分布，东接三江镇潘寨村，北面和西面与本乡平阳村接壤，南与偶里乡格溪村为邻。该村海拔约 400~600m，属中切割低山地区，地形起伏较大。绍洞村境内的归石溪最宽不过 3m，但因植被极好，终年均有溪水流淌。归石溪及支流（小冲沟）周边的低山坡度大多在 25°以上，相对高差约 100~200m。该村主要为板溪群的变质板岩、夹砂页岩分布，由此发育的红黄壤土层深厚，较黏重，自然土属硅铁质、硅铝质土，保水保肥较好。土壤肥力和厚度都随坡顶到坡脚递增。坡脚及溪涧边多分布冲沟田，田块狭小，夹在陡坡之间，光照差。该村年均气温 16℃，年降水量 1350mm，年平均相对湿度 84% 左右，温和湿润，适于林木生长，是杉树培育的"黄金"地带，因此有几百年"耕山种杉"的历史。该村有 5 个村民组 176 户 762 人，绝大多数是侗族。为节约耕地，农户住宅分散，均傍山而立，三五户，十来户，形成一个自然居群。凸凹不平的林区公路把绍洞村与锦屏县联系在一起，但各村民组及自然村寨都不通公路，生活物资和生产资料都要靠人挑马驮，从林区公路运到各家各户。该村在 20 世纪 80 年代就已通电，饮用水大多可用胶管从坡顶蓄水池引到各家各户，水质甘甜，水压较小。该村有地面卫星接收站45个，80%的农户有电视机。该村通有线电话，通邮件，移动电话基本覆盖全村，通讯效果良好。该村有小学1座，有本村小学生159名，在外读初中、高中的53名，读大学、大专的6名，中专以上毕业在外工作的10名。该村的住宅绝大多数是独具风格的侗家木楼，猪、牛圈和厕所距卧室、厨房较远，住房一般都较宽敞，整洁卫生。该村深处林区，以烧材为主，使用沼气者仅7户，占总农户的4%。

该村土地资源共11617亩，除230亩水田、34亩旱地外，其余都是林地，为11353亩。站在绍洞村四组背后的山坡举目四望，绍洞村满目苍翠，绝大多数是郁郁葱葱，长势良好的杉木中幼林，寨前屋后有少量的竹林和果树，经果林以柑橘、桃、板栗、杨梅、核桃为主，总数300亩左右。全村农耕地平均0.35亩/人，其中平均田0.34亩/人，地0.1亩/人。粮食不够吃是该村的一大问题。历史以来，绍洞村农民在"耕山种杉"时，细心整地，定植杉苗后的前3年，每年间作小米、小麦和玉米，以耕代抚，以肥促林，加之人口稀少，基本解决吃粮问题。新中国成立后，国家采取"以木换粮"政策，用部分木材换回粮食，将粮食发放与育苗、造林、抚育、森林防护挂钩，缓解林农缺粮压力。改革开放后，林农主要靠卖木材得钱后到市场去买粮。天然林资源保护工程实施后，不许炼山造林，也无木材可卖，缺粮矛盾理应激化。幸而因青壮年大都外出打工，林外找钱的门路也比以前增多，吃粮的人减少了，找钱的门路增多了，市场粮价也不贵，吃粮基本不存在问题。由于粮食不富裕，草山草坡少，加之市场经济意识淡薄，科技贡献率低，在为县城服务为主的畜牧业、果蔬种植业方面发展落后。2004年，该村猪存栏528头（户均3头），出栏470头（户均2.67头）。年均出栏率0.89，即平均一头猪要喂13个月才出栏，养猪仍用传统熟食喂养，很少用配合饲料，劳动效益、饲料报酬率低。与贵州省大多数农村配合饲料生料养猪、1年出栏两槽猪相比，差距显著。2004 年绍洞村养牛 213 头（户均 1.21 头），出栏 15 头，商品率极低；养马 13 头，出栏 12 头；养家禽 1260 只，出栏 600 只。2004 年该村蔬菜播种面积 268 亩，复种指数约为 2~2.5 次，生产的蔬菜主要供自己食用和养猪，很少有挑到县城出售的。该村林业产业结构单一，除用材林外，仅有柑橘园 20.5 亩，梨园 3 亩，退耕还林刚种下的杨梅、板栗、枇杷等 273 亩，另外还有少数房前屋后栽培的桃、李等零星果树。2004 年产柑橘类水果 7500kg，梨 3750kg，桃 1400kg，除自己食用外，上市交易量不多，未形成规模。该村无食用菌种植专业户、药材种植专业户、养蜂专业户，林下、林间和蜜源植物资源均未很好开发利用。

绍洞村 762 个人口中，有劳动力资源 640 人，其中在劳动年龄内的从业人员有 355 人。2004 年，劳动力 640 人中有 180 人在外省打工，80 人在省内、县内从事建筑、装修、乡镇企业等工作，8 人从事其他第三产业的服务工作。常年或季节性在外打工人员占全村劳动力的 42%，外出打工人员每人每年平均带回 3000~4000 元，给绍洞村禁伐木材后的经济带来极大的活力，基本保证了禁伐后农民的生活水平没有比禁伐前急剧下降。

绍洞村民风淳朴，团结。几十年来，村民组与村民组之间，农户与农户之间，没有发生山林纠纷。村里制定的村规民约、护林公约，大家都共同遵守，由此才换来了该村 95% 以上的森林覆盖率，全村找不到几分荒山。1983~1985 年，绍洞村开锦屏县之先河，率先砍伐集体山林 100 余亩，出售杉木收入 17 万元，用 11 万元架设到村的高压线，解决了全村的用电问题，接着又用 6 万元修村办小学。为架高压线和修学校，村及村民组干部 4 年未发补贴。1988~1994 年，全村所有的全劳力和半劳力都上山造林，平均每人每天仅获 0.7 元钱的工钱（资金来源为 80 元/亩的世行造林贷款），用 5 年时间，把基本砍光的 11000 亩山林，重新造上了林。当时，该村成为"只见小孩，不见大人"的村。正是这种吃苦耐劳、团结进取的精神，换来了今天绍洞村群山叠翠、溪水长清的优美生态环境。

2.2 绍洞村林地、林木产权制度的历史与现状

新中国成立前，绍洞村的先民大多是沿沅江、清水江溯流而上，从洪江至远口、王寨，最后到绍洞定居的，绝大多数都耕山种杉，以林为生。当时林地是私有制，有地主占有的，也有贫下中农、中农、富农自有的，雇农、佃农靠帮地主耕山或租地主山林种杉为生。土地改革时期，按当时的政策，除地主的山林全部没收，再按当时的政策分配外，反动富农的山林，征收其分子个人的部分；半地主式富农征收出租部分；小土地出租征收超过每人平均200%的部分。山林分配的原则是既要照顾贫雇农，又不要忘记中农，还要给地主的生活出路。绍洞村在分配山林时，除地主户外，首先保证农户原耕种的山林先分给"原耕"户，当"原耕"量多出应分配量时，多出的部分由"原耕"户选择立地条件相对差一些或距河道远一些的山林，调出由集体统一组织分给山林少的户，并将分配的结果统一登记造册。绍洞村村民都认为土改造册登记的山林是信得过的无争议的依据。而在该村农户心中的"原耕祖业"，与不承认土改成果，清土改前的"原耕"，继土改前的"祖业"性质是完全不同的。土改时，该村没收地主的山林有300亩，除分给贫雇农126亩外，还留下174亩山林归集体所有，直至如今。

1953～1958年，绍洞村的山林亦经历了入初级社、高级社、小公社、大公社的变革，山林由私有变为集体所有。

1961年，根据《人民公社工作条例》（六十条）规定，"四固定"又将该村山林的所有权从公社划归村（当时叫生产大队）所有，并制有"四固定"山林清册，其范围与土改清册一样，没有变化。

1981～1983年林业"三定"工作时，绍洞村按"维护'土改'、'合作化'、'四固定'的各种决定和规定，原山林权属已明

确了的不再变动"的要求，除按每户 3 ~5 亩划定自留山外，没有搞分山到户，都是集体山，山林的权属和范围与"四固定"时期相同。林业"三定"的清册已造好，自留山证也填发给农户，但林权证已领到村，尚未填写。后来，县里决定未完成林业"三定"发林权证的，就不发了。因此，绍洞村没有发放林业"三定"工作时由县政府盖章的林权证。同全县一样，绍洞村所在的大同乡林权证发放较混乱，有发证的，有未发证的，有的发盖了公章的空白林权证，事后再补填的。为此，造成绍洞村与邻村——大同乡平阳村发生了林权纠纷。由于没有林权证，绍洞村与偶里乡格溪村有近400 亩的林权纠纷，从 1992 年一直调处到 1994 年才了结。绍洞乡拿出的依据是"四固定"清册，格溪村拿出的依据是林业"三定"时的林权证。首先经县处理山林纠纷办公室调处判绍洞村胜，格溪村不服，上告县人民法院。法院要求县山林处纠办再判。处纠办一再做绍洞村工作，一定要划一些山林给格溪村。最后，绍洞村划了70 多亩山林给格溪村，才解决了这场山林权属的纷争。

　　1985 年的山林"分户经营"对绍洞村山林权属影响也不大，该村将集体山林中除土改时没收地主留下的 174 亩山林仍作集体山外，按"土改"清册将其他山林作责任山分户经营到户，实现"各管各业"。1985 ~1988 年，正值木材市场开放，加上 1961 年以来该村所造的森林又到了砍伐的时期，另一重要原因是害怕自己不砍以后得不到砍了。因此，绍洞村出现大面积、各家各户都去砍伐森林的现象，其间，也不乏乱砍盗伐者。结果，随之出现的是水土流失、山洪暴发、田土干裂、水源枯竭。

　　1988 ~1994 年，在全州消灭荒山、植树造林的号召下，绍洞村利用世行贷款（造 1 亩林贷 80 元钱，到砍伐期时，每 100 元贷款，还 1m^3 杉材）掀起了造林高潮，首先由第四村民组 16 户农户将自己的责任山、自留山集中起来，并承包本村其他 50 多户林农的责任山和自留山，成立同心联户林场，向县世行办和营林公司贷款造林，共造 4700 亩。其他农户以分散分户造林、分户管理的形式造林 6300 亩。也有少数农户把自己造好的林子依附同心林场统一报基地造林项目，从中享受上级部门对该项目投入的造林资金，但管护仍由农户自己负责。在此期间，共向县林业有关部门贷款造林资金 43.25 万元，其中：世行贷款 34.95 万元，专项造林贷款 8.3 万元。

同心联户林场造林时，各家林地四至都画了图的，做到互相清楚，大家清楚。分配方式是土地所有权不计股，土地使用权股与劳力股按二八分成。分户经营的农户也不向村上交林地使用费。目前绍洞村 11000 亩山林，同心林场联户经营 4700 亩（农户由原来的 16 户增至 24 户），农户分户经营 6300 亩。由于绍洞村是传统的林业村，对林业的经营管护有许多成文或不成文的规定和传统，群众中各管各业，各不侵扰，约定俗成已成定制。加上实施天然林资源保护工程后，森林资源管护力度大大加强，乱砍滥伐、偷砍盗伐现象极少。

2.3 被划为生态公益林区后对绍洞村的经济发展影响

2.3.1 正面影响

①生态环境得到改善，森林覆盖率、森林蓄积量得到增加。生态公益林区和天然林资源保护工程区实行禁伐、限伐以来，正是该村的万亩山林处于幼林和中幼林时期，需要保护和禁伐。因此，禁限伐的正面效果很明显，群众是基本满意的。我们入户调查时，不少群众说："前些年把树砍光了，田里水都没有了。现在林子护起来了，田里又有水了"。再过几年，绍洞村 20 世纪 80 年代末 90 年代初造的 11000 亩杉林陆续进入采伐期，看到这郁郁葱葱的森林，农户们就像看到了幸福生活的希望。

②乱砍盗伐现象大大减少，社会治安好转，使许多农户能安心地外出打工。

③禁伐限伐政策的实施，使身体健康、有一定技术专长的林农把增收的眼光投向山外。外出打工的人多了，既缓解了绍洞村吃粮困难和用钱困难，还开阔了眼界，加快了劳动力向非农产业转移。该村约有1/3的劳力在县城、凯里甚至贵阳搞装修，第5村民组和第1村民组约有80%的劳力在外搞装修。

④该村经果林有初步发展。该村通过退耕还林工程，营造了273亩经果林，品种有杨梅、板栗、枇杷、柑橘等。由于该地距县城较近，气候土地条件俱佳，经果林发展是大有希望的。只要注重科技和投入，将逐步改善单一木材生产的林业产业结构。

2.3.2　负面影响

①林农的林地使用权、林木所有权和处置权得不到保障，农民不能自主地采伐和销售自己所有的林产品——木材。商品材指标基本不批，自用材指标管得十分严格。而且乡林业站在批砍伐指标时，要求按50元/m³木材交押金，只要实际砍伐量超批准指标，全部押金就予以没收。这种规定，使农户更加觉得更没有自主权。好在前几年该村森林还处在不宜采伐的阶段，国家禁限伐政策和农民要求山林处置权的矛盾并不激烈。但随着中幼林向成熟林的演变，该矛盾将越来越激化。

②禁伐后，农民丧失砍树还贷的机会，国家贷款无法偿还。

③不能砍伐，也无森林经营管护费。2000年该村还有一个护林员指标，月工资210元，后减为150元，从2001年起该指标被取消了。目前，该村全靠农民的自觉性和多年的护林习惯在认真细致地管护着森林（当然，全村农户的生计和希望都在林地上，他们不能不珍惜和保护）。如果林地的使用权和林木的所有权不能真正赋予农户，其森林资源的管理定将比现在混乱和无序，尤其森林火灾的风险度将增大。

2.3.3　群众对划入生态公益林区的反映

绍洞村村干部和群众都不知道何时何因而把该村的林地划为生态公益林区，更不知道哪些林地属于重点公益林区，哪些林地属一般公益林区。但被划入生态公益林区的消息随着到乡林业站批自用材砍伐指标才逐渐被群众知道。群众对被划入生态公益林区的反映有几种：

①普遍认为天然林资源保护工程项目区禁伐是暂时的，而且与该村森林保护的形势相一致，因此拥护和支持"禁伐"。尤其是外出打工的农户，认为国家禁伐后，盗砍乱伐现象基本杜绝，他们能安心在外打工。大多数群众认为，森林在中幼林时期应该禁伐，给森林一段休养生息的时间。但森林成熟了，一定会开"禁伐"令。否则，林农从哪里求生计？

②部分农户认为，如果国家要把我的山林划为禁伐区，一是应该让我知道，征得我的同意；二是我们造林的贷款怎样还？我们这些年的各种投入怎样算？三是划为禁伐区后我们和我们的后代靠什么来谋生？原来可"靠山吃山"，现在不行了，怎样解决生活问题？

③部分农户认为，国家不管用什么方法来管生态公益林，被划为生态公益林区农户的生活不应该比以前差，应当与未划为公益林区的农户生活水平相差不大。

④部分农户认为，绍洞村才造起来的11000亩人工杉木林，水土保持效果远不如混交林、阔叶林好。建议国家给一个过渡期，通过间伐、择伐，逐步换成以保护生态为主的林分。

2.4　讨论与建议

2.4.1　确权发证，进一步完善林业产权制度

对绍洞村林权基本明晰的判断依据有二点：一是村集体所有的

林地四至清楚，与邻村无权属纠纷。二是村内部农户之间的自留山、责任山的四至清楚，100多亩村集体林权属也是明确的。这主要得力于"四固定"以来的多次林权制度改革，该村均以土改"清册"为依据。但是，该村集体经济组织未以发包方身份与承包农户签订林地承包合同，造成了林地所有权者的虚位和缺失。林农除拥有自留山证外，没有责任山的林地使用权和林木所有权证，不利于自身的维权，也不利于林地、林木的合理流转。因此，需进一步完善林权制度，做好以下工作：

①县林业局要以原有林地地籍档案为依据，核实该村林地情况，并发给林地所有权证，赋予村民委员会对该村林地的所有权。

②调查自留山划分和使用状况，在保持政策不变的前提下处理好遗留问题，确认并换（补）发自留山证书。这样做，既可确保农户长期无偿使用自留山，又纠正了"两山变一山"的模糊认识。

③调查责任山划分和使用现状，明确责任山林地使用权。基本以"分户经营"时期划分责任山"清册"为依据，由村民委员会作发包方，责任山林农为承包方，补签林地承包合同书，明确各方权力、义务、承包年限等，尤其要明确承包方向发包方（村集体经济组织）缴纳林地使用费的数额、收缴方式等。林地使用费的收取是对集体林地所有权的彰显和认定，也可以壮大集体经济实力，有利于兴办社区的公益事业。对于历史遗留的明显不合理、甚至不合法的责任山划分，在重新补签林地承包合同书时应予以修定，其修定方案应依照《中华人民共和国农村土地承包法》和《中华人民共和国村民委员会组织法》，严格按程序经村民会议或村民代表会议讨论通过，以保证村民的知情权、参与权和决策权，做到公平、公开、公正。

④林农向县林业局申请林权登记，经审核后发给林农由国家林业局统一印制的林权证，确认林地使用权和林木所有权。由国家林业局统一印制的《中华人民共和国林权证》将林地的所有权、使用权和森林或林木的所有权、使用权等四权共同登记在同一个证

上，但这四权的权利人并不都是同一的。以绍洞村为例：林地所有权人为村民委员会（它代表村集体经济组织），林地使用权人是该村的 176 户林农。因为林地和林木的流转，林木所有权、使用权和林地使用权在时间和空间上是不完全同一的。对于联户林场的 24 户林农和完全实行"分户经营"的约 100 户林农而言，自己拥有使用权的林地上的林木所有权和林地使用权是同一的，但联户林场的林农还承包了 50 多户林农的林地造林，根据造林合同，他们在这一轮森林培育和利用的周期内，对这些承包林地上的林木拥有 80% 的所有权和使用权，而拥有这些林地使用权的 50 多户林农只拥有这些林木的 20% 的所有权。这种林地使用权和林木所有权在时间、空间上的不统一，引发了由林地所有权、使用权人持证还是由林木所有权人持证的问题。我们认为，根据《中华人民共和国土地管理法》、《中华人民共和国农村土地承包法》和《中华人民共和国森林法》，以及锦屏县传统人工商品林区的实际，林权证应发给林地的所有者和使用者。对于林地使用权和林木所有权在时间、空间上都统一的林农（或林场），明确其林木所有权和林地使用权。对于上述两权在时间、空间上不统一的林农（或林场），要详细注明林木所有权的拥有比例、数量、地点，以及转让林地使用权的数量、地点和转让年限。就绍洞村而言，应该发给村民委员会一份全村林地所有权的林权证，以户为单位发给各户林农包括长期无偿使用的自留山和使用期限在 30 ~70 年、应向村缴纳一定土地使用费的责任山这两种林地使用权的林权证。对于林地使用权和林木所有权在时、空都统一的农户（或林场），应按林地的四至填写林木的所有权情况。对于林地转包给联户林场造林的农户，在"注记"一栏中，要注明转包林地的地点、四至、转包年限，并注明在转包期限内对该林地上的林木有 20% 的所有权。对于联户林场应发给该场承包 50 余户林农部分林地造林的林木所有权证，在"注记"一栏中要详细记载承包造林地的地点、四至、承包年限，以及在承包期限内对该林地上的林木拥有 80% 的所有权和使用权。

对于 1988～1994 年联户林场与其他林农签订的承包林地造林合同，要依法进行认定，完善承包合同。

2.4.2　正确处理国家与林农的利益关系，确保生态公益林区林农的利益

绍洞村已有 400 多年的耕山种杉历史，按 26 年一个轮伐期计，该村的人工林已更新 15 余次；按 25 年一代人计，该村从事人工商品林生产已历经 16 代人。林地、森林是全体村民赖以生存和发展的根本。但是，我国林业正经历由以提供林产品需求为主向以提供生态需求为第一需求的转变。绍洞村位于清水江支流归石溪两侧，按林业分类经营区划，该村的大多数、甚至全部林地都应划为生态公益林区。保障产权是市场经济的法则，但生态公益林区的禁、限伐政策又限制甚至剥夺了林农的林地使用权和林木所有权。如何正确处理生态公益林区内国家生态效益需求和林农经济效益与社区发展需求的关系，已成为绍洞村甚至南方集体生态公益林区林权制度改革必须解决的问题。我们认为：

①在传统人工商品林区进行生态公益林业建设，应在保证发挥生态效益的前提下，注重发挥森林的经济效益，实现森林的可持续经营和林区社会的和谐稳定。兼顾国家、集体、个人三方利益。因此，在传统人工商品林区应慎用收购非国有公益林措施。试想失去了林地、森林的林农怎样去求生存？而且，失去森林的林农管护森林的积极性会大大降低，收购后的公益林又怎样管得好？建议借鉴自然保护区合作管理的模式，在林地、林木权属不变的前提下，由国家公益林业管理部门、社区（如绍洞村村民委员会）和林农 3 方组成共管组织，共同管理该社区的生态公益林。国家公益林业管理部门负责制定公益林建设、改造规划和经营方案，负责监督和检查，确保森林生态效益的有效发挥。林农负责生态公益林的培育和管护，在不破坏森林资源的情况下充分发挥森林的经济效益功能。社区负责人则承担组织林农防火、灭虫、防盗伐、调处纠纷、协调

关系等职能。参与共管的各方，共同承担相关责任，共享权力和收益，并要为各自追求的效益目标进行投资投劳。这种共管模式，既可避免了主要靠行政命令、强硬措施实现生态效益目标引起的政府管理部门与林农的对立，又可明确各方责、权、利，在投入和收益上都有保证。不能把禁伐作为保护生态公益林的惟一措施，应通过科学的经营措施和规范的管理来实现资源保护和经济利用的双重目的。瑞士、奥地利对大面积的生态公益林就允许采伐利用。他们把重点放在根据科学规律设置具有法制性质的种种限制性规定上，以减少采伐利用带来的负面影响，同时还开发了适应这些规定的机具和工艺，使森林保护与利用之间的协调成为可能，这种限制性规定所造成生产成本的提高则由政府予以补助。我们应该借鉴瑞士、奥地利的经验，改进我国生态公益林管理。

②尊重历史，保持政策连续性，逐步将现有人工商品林改造成生态公益林。绍洞村11000亩人工林是1988~1994年《国家造林项目》和《贵州省速生丰产用材林基地建设项目》的子项目，该村以联户林场或个人的名义，都与县营林公司或世行办签订了承包造林和投资偿还合同，并经司法部门公证。这样的基地林，应该受到法律和政策的保护。另外，以"速生丰产用材"为目的营造的杉木林，生态保护功能远不如阔叶林、混交林好。因此，为保持政策的连续性，让农民响应国家号召的努力得到应有的回报，也为了建设生态保护功能更好的生态公益林，应对该村的11000亩杉林，在10~15年内逐步采伐更新，营造成更好发挥生态保护功能，又有经济利用价值的生态公益林。

③加大财政转移支付力度，给为生态公益林建设和管护的林农以生态补偿的实惠。锦屏的林业实现了向以生态建设为主的历史性转变，主要原因是国家加大了对西部地区林业生态建设力度。国家通过财政转移支付支持锦屏县林业生态建设大致可分为3个方面：一是国家给因天然林资源保护项目实施禁伐造成县级财政减收的补助，这项补助已补到村级干部的工作补助，绍洞村的干部及村民由

此获得了实惠；二是实施退耕还林工程，退耕还林农户按政策规定得到很大实惠，绍洞村 273 亩退耕还林均获得以上资金补助；三是拨给天然林资源保护工程项目的管护经费，但该经费到村的数量就很少了。县林业局在该村 2000 ~ 2003 年聘请一个护林员，月工资原为 210 元，后减为 150 元。由于该县为解决历史造成森工企业人员过多，就业难度大的问题，把 77 名森工企业待岗人员聘为护林员，因此，2004 年该护林员被取消。于是，造成了为国家保护这 11000 亩公益林的林农，却得不到任何管护费的现状。由于生态效益的正外部性，绍洞村林农维护和培育了 11000 亩森林，自己获得了山青水秀、环境优美的生态效应，但更多的生态效益是长江中下游和国家获得的。我们调查时，县林业局干部也认为天保项目的管护资金应向生态公益林区的林农倾斜，无奈用钱项目太多，且多是刚性支出，如封山育林投资（70 元/亩·5 年）森工企业下岗职工担任护林员工资（400 ~ 500 元/人·月），森林防护基本设施建设费、天然林资源行政管理费等。这些费用每年都占天然林资源保护工程管护费的 80% 左右，只能有 20% 的钱用于聘请林农任护林员。建议国家采用征收生态建设税、提高资源税和消费税率等措施，增加生态建设筹资渠道，并进一步加大财政转移支付力度，使锦屏县等生态建设和保护任务繁重的县，在解决各项刚性支出后，有较多的资金用于实际建设和管护公益林林农的生态效益补偿，以弥补他们在禁、限伐中减少的收入，并为采伐更新后建设新的生态公益林筹集资金。

2.4.3　转变观念，依靠科技，实现生态公益林区的可持续发展

（1）要实现绍洞村的可持续发展，离不开县、乡政府的指导和支持。政府应继续对处于生态公益林区的传统"以林为生"的林业村给予政策优惠、生态建设资金和生态补偿资金的支持，在政策设计和利益关系调整时，要切实维护林农的权益。要加强林业产业化的规划和建设，选择一批市场前景好、有资源优势、能形成核

心竞争力的林业产业化项目（如林板、竹浆纸一体化项目等），抓好加工型龙头企业、专业林产品市场的建设，使广大林农能放心大胆地围绕加工企业和市场建基地，这对周期很长的林业项目规避风险至关重要。要把教育林农，提高林农素质和技能的工作放在重要位置，抓好林农向非林产业转移的就业培训和初中以上学历的职业技术教育。要健全和完善农林科技服务体系，提高在生态林业建设、农林业产业结构调整中的科技贡献率，依靠科技进步，实现生态公益林生态保护和经济利用的双重目的。

（2）绍洞村要改变单一"耕山种杉"、卖木头为生的传统观念和产业模式，改变农、牧业商品率低的现状，树立市场观念和竞争意识，调整农、林业产业结构，探索生态公益林区实现生态、经济效益双丰收的经营模式。

①逐步对现有人工林的林种、树种结构进行调整，尽量增加生态保护功能好、有经济利用价值、市场需求稳定、而且在采收林产品时又不破坏森林保护功能的林种和树种，如选择毛竹、麻竹、核桃、板栗、果用银杏等。可与贵州省省内外中药科技产业化企业联合，采取公司（龙头加工型企业）＋基地＋农户的模式将现有杉林逐步改造成木本药材种植基地，栽培叶用银杏、杜仲、黄柏、米稿、喜树、三尖杉等木本药用植物。另外，还可培育杉木大径材，建茶园，种香料植物（如岩桂、山苍子），种油料植物（如油茶）等。

②充分发挥距县城近、信息灵、交通较方便的优势，大力发展生活消费品市场需要的"鲜活"产品。首先，要扩大绍洞村鲜果种植面积，在现有柑橘、杨梅、枇杷、梨等品种的基础上，引进市场前景好、适合本地栽培的名、特、优、稀品种，按精品果园要求，合理规划，科学管理，精心培育，经过5～10年的努力，使之成为锦屏县优质、高产、高效的鲜果生产基地之一。其次，调整土地利用计划，扩大人工草场面积，种植皇竹草，香根草、三叶草等多年生优质牧草，发展肉牛，肉兔、山羊等草食牲畜和饲养家鹅，

还可利用疏林地发展林下养鸡。牧草种植有利于保护生态，防止水土流失，种草养畜又是市场好、投资较少、经济效益较好、见效快的项目，在林业产业结构调整中可以以短养长，意义重大。鲜果生产需要大量有机肥，草食牲畜养殖将为鲜果种植提供大量有机肥，形成良性循环。

（3）要改变故土难离、守祖业的传统观念，鼓励身体健康、有一定文化水平、经过培训掌握一定从事非农（林）产业技能的村民走出绍洞，到省内、省外从事各类非农产业。建议绍洞村从事装修的农民组织起来，成立股份合作制企业，共同去闯市场。绍洞村划入生态公益林区后，农村剩余劳动力将会增加，劳动力向非农产业转移是必然趋势，也是增加农民收入、提高生活水平的重要渠道。

（4）要加强文明村寨建设和农（林）业生产设施建设。首先要维修好林区公路，修通到各村民组的公路。要根据从事商品性养殖业、种植业的需要，改圈，改厕，建立沼气池，营造文明、卫生、清洁的居住环境。要增加机械运输能力，建立完善安全的人畜饮水设施和果园灌溉设施。

参 考 文 献

贵州年鉴社编辑部．贵州年鉴（1999、2000、2001）．贵阳：贵州年鉴社，2000，2001，2002.

锦屏县林业志编撰委员会．锦屏县林业志．贵阳：贵州人民出版社，2002.08.

锦屏县农业综合区划编写组．锦屏县农业综合区划．贵阳：贵州人民出版社，1989.

国家林业局植树造林司．全国生态公益林建设标准（一）．北京：中国标准出版社，2001.

朱志华．推行"均山到户"改革，促进农民共同富裕．福建林业，2005，4：20-21.

左停，苟天来．自然保护区合作管理（共管）理论研究综述．绿色中国，2005，4：49－52．

中华人民共和国农村土地承包法．2002.08.29.

中共中央国务院关于加快林业发展的决定．2003.06.25.

贵州省林地管理条例．中国法制信息网．2003.09.28.

第**3**章

锦屏县加池村公益林使用权问题调研报告

3.1　加池村基本情况

加池村是锦屏县河口乡的一个村，位于锦屏县西部的清水江南岸，距河口乡政府 10km，距县城 40km。全村 162 户 788 人，共分为 5 个村民组，全村人口均为苗族，聚居在一个自然村寨中。劳动力 474 人，其中男劳动力 240 人，女劳动力 234 人。除少数几户人家外，绝大多数都姓姜。加池村交通不方便，从县城到村不通公路，必须由县城先乘坐 28km 汽车，到该县三板溪水库库区清水江边的渡口七里冲，然后又乘船上行 12km，到加池村山下的简易渡口，最后再步行 2km 上山，才能到达加池村。加池村不通固定电话，但是有移动电话信号，村里有一些人有手机。我们与加池村的联系均是用手机进行。

加池村土地总面积为 10549 亩，其中林业用地面积 7237 亩，占全村土地总面积的 68.6%。林业用地中，有林地面积 3431 亩，疏林地面积 449 亩，未成林造林地面积 3200 亩，无林地面积 157 亩，分别占林业用地面积的 47.4%、6.2%、44.2% 和 2.2%。

加池村村民的主要经济来源为外出打工、农业、养猪等家庭副业。林业除 2004 年三板溪水库淹没区有部分木材砍伐外，自实施天然林资源保护工程以来均无收入。2004 年全村粮食总产量为 13 万 kg，人均 165kg。农业收入 13 万元，养殖业收入 10 万元，渔业收入 2.5 万元，加工业收入 0.9 万元，建筑业收入 0.9 万元，商业收入 1.2 万元，其他收入 2.7 万元，合计 31.2 万元。全村在外打工人员 114 人，按每人每年平均寄回打工收入 2000 元计算，全村打工现金收入 23 万元，经济总收入 54 万余元，人均收入不足 700 元，在锦屏县居于偏低水平。

3.2　调查方法

3.2.1　选择加池村的理由

与锦屏县林业局有关人员一起，根据项目的调查目的，把河口乡加池村选为本次调查研究的点。选点的理由主要是：

①加池村的林地全部为集体所有，其中既有集体经营，也有个体经营，还有联户林场经营。

②加池村位于贵州省第二大河清水江两岸，且属于三板溪水电站库区，是公益林区的重点区划对象。在实施天然林资源保护工程和森林分类经营区划时，该村有相当面积林地被划为禁伐区和限伐区。

3.2.2　调查表格及问卷提纲

加池村的调查按照课题组拟定的调查表格和问卷提纲进行。

3.2.3　村及农户调查

调查组进入加池村后，首先与村委会负责人座谈，说明调查的目的、内容与要求，请他们介绍村里的基本情况，以及实施天然林资源保护工程等情况。同时，请他们协助确定入户调查的农户名单。

在调查过程中，根据课题组拟定的调查表格和问卷提纲，采用参与式农村评估（PRA）中的半结构访谈方法，通过召开座谈会、入户访谈等形式，调查了解访谈对象对林权证发放、集体山林经营、实施天然林资源保护工程、森林禁伐与限伐、生态补偿等问题的看法，听取他们的意见与要求。调查中访谈对象共计 18 人，包括村委会和村民组负责人、有代表性的农户、前任村干部等。调查结束后，根据记录撰写出调查报告。

3.3　调查结果与分析

3.3.1　林业经营的历史与现状

姜绍烈是加池村年长一辈村民，年纪已有 74 岁，但身体还很硬朗，头脑也很清楚。由于在弟兄中排行第二，村里许多人都称呼他叫"二哥"。为了了解加池村林业经营的历史与现状，我们专门对他进行了访问。

据姜绍烈介绍，新中国成立以前，直到 1950 ~ 1953 年，加池村山上的林子还是山主管理，没有集体的林子，山林的所有权都归山主，砍树要经过山主同意。山主觉得需要用钱了，或者是林木老了，他就要砍了。没有林子的山主，林子少的村民，要用木材，就要向山主买，或者向山主讨（要）。山主要砍伐木材，林子少的村民就去帮忙，还可以得工钱。山主招人来砍树，砍了以后，按山林股和劳力股分配，有三七开，四六开，或者对五开。木材运到河边，得了钱就分成。分成比例的高低，主要是根据山场到河边的距离，一般劳动力占五、六、七，甚至八成。如果没有劳动力帮助砍伐并运出去卖，山主在山上的树子一分钱也不值。土改时划分成份，山主的山林被没收，富农的收一部分，中农的不动，贫农得分山林。当时他家是中农，土改前有三四百亩山林，一百多担田。山林有与别人共有的共山，还有私山。划成份时，主要看田土多少。1956 年搞合作化，合作社后，山主的山林交给初级社，树子砍伐卖后，山主得一些补偿，大概 20% 左右给山主。

调查中我们了解到，公社化时期，一直到 20 世纪 80 年代之前，加池村的山林全部是大队集体所有，由集体经营。20 世纪 80 年代初期，南方集体林区普遍进行了林业"三定"，即稳定山林权、划定自留山、制订集体山林管理责任制。林业"三定"期间，加池村的集体山林被划分为自留山和责任山。其中自留山划分到户，由村民长期无偿使用，责任山属村里集体所有，委托村民进行管理，所以村民又把它叫做"管理山"。

1985年，锦屏县进一步实行林业分户经营，加池村将责任山几乎全部划分给农户经营。责任山分户经营后，许多农户将其等同于自留山看待。由于担心政策变化，加之木材市场逐步放开，村民纷纷上山砍树出售，引起不同程度的乱砍滥伐，相当多山林受到破坏，并且未能及时重新造林。姜齐锟是加池村的一位普通村民，我们向他问到分户经营的问题，他说，加池村分山到户后，出现乱砍滥伐现象。当时村支书都在收购木材，又转手倒卖。还有些人也在收购木材，大家都砍大木头卖给收购的人。村里到处都在砍，群众一个看一个，你砍得，我也砍得，把林子都砍败了。

在加池村调查的几天里，我们看到村子周围的山上基本上造满了杉木林，但是却看不到较大的树。我们问村支书姜齐有，他回答说，最近50多年，他们村发生过3次大火灾。民国36年（1947年）烧过一次，当时全寨102户人家，烧得只剩下1户。1962年烧过一次，当时烧了五六十户。1978年又烧一次，烧掉80多户。每发生一次大火灾，几乎都把林子里的大木头砍光来修房子。砍了后才又造林，所以村里可以砍来卖的大树就不多了。

为制止乱砍滥伐，恢复森林资源，20世纪80年代后期，政府号召办集体林场，加池村村民也很拥护，村里陆续办起4个联户林场，各家各户的责任山大多加入林场经营。林场由林业部门资助造林，每个林场都建立了各自的经营管理和分配制度。木材砍伐后，卖得的钱都按规定的办法分配。

3.3.2 关于林业"三定"和林权证发放问题

据村支书姜齐有介绍，林业"三定"时，加池村的山林除分到户的自留山外，还有队（村）有户管的管理山（也即责任山）。

划分时，基本上是按当时的人头分配。当时大队（村）把一片一片山林划分到小队（村民组），组又划分到小组，小组再通过协商划分到户。户与户之间管理山的界限是清楚的，一般是以岩石等地物为界。他所在的小组有 8 个农户，有 66 亩管理山，至今仍是 8 户管，没有变过。1986 年他们卖过一次木材，大家都出工，共 30m³ 多，卖得 2000 多元钱，是按 1981 年分管理山时的人头分钱，后来出生的人口不参加分钱。当我们问到，村里农户有无要求，把管理山全部划成自留山，变"两山"为"一山"时，姜齐有认为不可能。他说，如果全部划成自留山，村里要修点路，要办点事，一点提留都得不到，也不行。

在村民姜坤基（加池村斗牛协会会长）、姜锡金（1 组村民）、姜纯忠（2 组村民）、姜锡义、姜有录（4 组村民）等人参加的小型座谈会上，我们问到林业"三定"时分山到户的情况，他们也说，当时村里的山林都分到了户，大队分到组，组又分到户，集体的山林几乎没有了。分的山有自留山和管理山，管理山是队（村、组）有户管。问及分到户的山林有证没有，他们说，自留山证是个人拿，山林使用权证是集体拿，是村里的会计拿。当我们问到，管理山按林场经营入股管理好，还是干脆分到各家各户好时，他们中有人认为划分到农户个人经营好。

调查中，我们分别问几户村民，林业"三定"时他们分得多少亩自留山，大多数人都不能准确地回答，对具体数据的概念十分模糊。例如我们问房东姜绍明，林业"三定"时，他家的自留山分得几亩，他回答说大概 70 多亩。问到村民姜绍武、姜齐锋自留山面积时，他们分别回答 20 多亩和 5 亩。

在加池村的调查中，我们感到大多数村民对当年林业"三定"时划分自留山、责任山，实行分户经营还是认可的。但是，当我们访问到曾长期担任过加池村党支部书记的姜修璧时，却听到了对林业"三定"的完全不同的看法。他说，林业"三定"以后，集体山变"三山"（自留山、责任山、集体山），"三山"又变"一山"

（自留山）。他认为，田土分丘分块，涉及面不大，边界清楚，权属清楚。山就不同，各家各户管理，你造林他不造林，自留山他愿造就造，不愿造又不允许别人造。有时动员造林，这家同意，那家不同意，父亲同意，儿子不同意。他认为林业"三定"政策本身就不完善。

姜修璧说，分山到户后，村内户与户之间，因为无天然界线，或者时间久了，天然界线不清了，经常发生纠纷。有的农户父亲的山林，儿子分家后要分，有人外迁，分得更小，也使得纠纷不断。加池村户与户之间的林权纠纷，大概占总户数的20%左右。村外，加池村与周围村的边界线有六七千米，经常发生村与村之间的纠纷，涉及的面积有2000多亩。包括加池村与中仰村、加池村与文斗村，以及与其他村的纠纷。村与村之间的纠纷，主要是林业"三定"时界线不清。此外，中仰村因为寨子大，有霸权主义。

姜修璧认为，林业"三定"已经过去了，但是政府应该调整政策，从上而下，从根本上扭转林业"三定"的问题，把所有的山林都收归集体，甚至带点强迫命令都行。林地上原有林木可以作价带进来。如果行不通这点，林业部门可以下乡作评估，限期造林绿化。对疏林、低产林进行改造，对荒山进行造林绿化，不造林就收回。因为原林业"三定"也有此规定。

最后他说，由于当地山林纠纷比较严重，政府在发放林权证之前，要求解决这些纠纷，解决后再发林权证。

姜修璧的看法和意见，有些无疑是值得参考的。但是，他关于林业"三定"的看法，是否得到村民认同呢？带着这个问题，我们又访问了村民姜绍林、姜绍政、姜绍槐、姜绍宏等人。

我们问：有一种意见认为，林业"三定"分山到户是不妥的，应该纠正过来，重新将山林全部收回去，像公社化那样集体管理，统一规划造林。你们同意这个意见吗？

他们答：这不可能。这种人他是懒，不想造林，或者人口多，造不了林，想占人家的股。人家自留山造了林，再交给集体怎么行?

关于林权证,调查中我们了解到,加池村的自留山在 1981 年林业"三定"时都发放了由锦屏县人民政府盖章的《社员自留山证》,但至今没有得到由国家统一印制的林权证。责任山的证书未发到村民手中,据说是由生产队(村民组)保存。自留山证上,四至界线一般都是清楚的,但是均未附地形图。

例如我们问村民姜绍明:你家林地发放山林使用证没有? 哪年发放的?

他回答:发了,是社员自留山证,1981 年发的。

我们问:你家的自留山证"四至"界限清不清楚? 当时上山落实过界限没有?

他回答:四至界限清楚,当时村里、本组和本人都到了现场,至今没有林权纠纷。

我们问:你认为有无必要发给或换发国家统一印制的林权证?

他回答:有必要,换成国家的更好。

关于发给或换发国家统一印制的林权证的问题,我们询问了好几位村民的意见,他们都认为有必要换发,觉得这样更可靠,更放心。但也有个别村民认为无所谓,例如我们问村民姜纯忠:如果用国家统一印制的林权证换发自留山证,你们认为如何? 他回答:建房子、修厕所、修猪圈、盖牛圈,都要木材。我们这个地方交通不便,运不来砖。反正我们只要得木材用,发什么证都行。

我们在加池村的调查情况表明,对于 20 世纪 80 年代进行的林业"三定"工作,绝大部分村民是赞同的,他们认可当年划定的自留山和管理山,希望自留山仍然由村民个体自主经营。林业"三定"时,划分到户的自留山均发放了社员自留山证,并由村民个人保存。管理山据说发放了集体山林使用证,但是由村集体保存。全村的所有山林,至今未发放国家统一印制的林权证。所有访问到的村民都愿意发放或换发林权证。

3.3.3 目前的林业经营方式

加池村的山林，目前基本上是两种经营方式：自留山是村民个体经营，管理山则基本上由村民自己组织的联户林场经营。此次调查，我们着重了解加池村联户林场的经营情况。

目前加池村有 4 个联户林场，分别是 1990 年成立的富池林场、1991 年成立的三八林场和江行林场，这 3 个林场都是经营杉木。其中三八林场面积最大，还分成 3 个分场。2002 年成立的江行油茶场，主要是经营油茶。

关于联户林场的建立，我们访问了好些户村民。原村支书姜修璧说，1990 年到 1991 年，县林业局号召大办村办林场，村里也想改变过去管理山个体经营、效益不好的局面。当时村干部很积极，多数人也支持，少数人不通，我们做了工作，大多数人都参加了林场。办林场后，管理山基本上都进了林场，少数农户的自留山也进了林场。

我们的房东姜绍明说，村里办联户林场，当时政府也号召，群众也拥护。那时候村里粮食紧张，县林业局给钱给米作为补助，群众为得到钱、米，就参加林场造林。

我们访问村民姜齐锟时，关于联户林场的对话如下：

问：村里搞三八林场，是上面要求搞的，还是群众自愿搞的？

答：那是大家讨论，村里又动员搞的。

问：管理山由个人管好些，还是由林场管好些？

答：由林场管好些。个人管理，砍了树后，有些人不去造林，有些人要栽杉，有些人要种果树，不好管理。林场管种的杉好，管理好。个人管的少数人管得好，大多数人管不好。有些人砍了树后不栽树，任由树桩发萌条，营养不好，树长不好。

问：你家的管理山参加林场没有？

答：管理山交给了林场，自留山没有交。

问：林场的管理规定是否通过大家讨论？

答：承头组织林场的人把管理规定搞出来，拿给大家讨论通过的。

问：村民自留山的树怎么处理？

答：村里多数农户自留山上的树是修房子，卖的不多。集体山上的树砍来卖后，有分配，分配还是合理的。

我们在访问村民姜绍林时，问他怎样看待村里办的联户林场，他回答说，他家是自愿参加三八林场的。林场的管理和分成条款是大家讨论的，去年水库淹没区砍伐木材，分成就是按林场的分成办法搞的，大家都没有意见。原加池村支书姜齐柏也说，农村靠山吃山，中央政策开放，1991 年开办村林场，还是有利的。加池村总共办了 5 个林场（三八林场的 3 个分场算 3 个），大力造林，目前林场造的林都是中龄林。如果当时不办林场，不注重造林，特别是江边一带不造林，水库淹没区的补助就不会这么多。林场在江边淹没区造的杉木中龄林，使村里淹没区的补偿增加了几十万元钱。

关于林场的经营管理方式，村支书姜齐有以他家参加的三八林场第一分场为例介绍说，该分场共有山林 150 多亩，参加的农户有30 户。林场一成立就开始造林，造林经费由县营林公司按每亩 80元的标准提供。造林时，30 户农户全体参加，并且规定每户造林的投劳完全相同，以利于以后的利益分成。造林后 3 年，由其中的5 户来承包分场的经营管理，其余 25 户平时就不再参加管理。等木材采伐后，先将每亩的木材 1m³ 给县营林公司，用于归还造林投资，其余的按木材出售总金额的 8% 提成给 5 户承包户，5% 提成给村，剩下的按四、六分成，土股占 40%，造林户 60%，按 30户农户当时造林的投劳分成。林场成立后，至今只有水库淹没区杉木采伐后，是按以上办法进行分配，其余林地因林木还未长大，还未分配。水库淹没区红线以下的木材，是 2004 年砍的。当时是出卖青山给一个木材老板，按每亩 200 元的价钱卖出，面积 50 多亩，总共 10000 多元。造林时县营林公司的投资是每亩 80 元，去年卖出青山后，也按每亩 80 元还给营林公司。剩下的钱每户分得 150

多元。

其余各联户林场，包括三八林场的二、三分场，没有农户专门承包，大家一起管理，一起分成。但除了无承包户 8% 的提成外，其余分配方式基本一样。另外，因为江行林场的山林是在山的高坡，造林和以后的木材砍伐、运输花的劳动力多，所以他们自己议定，他们的土股只占 20%，劳动力股占 80%。

村里各个联户林场的山林，基本上都是管理山，只有江行林场有部分自留山。自留山的土股占多少，由农户个别与林场谈判协商，分别签订合同。也有些有管理山的农户，把山林参加进联户林场，但不参加投劳造林，他们只参加分配 40% 的土股。这种农户，主要是因为严重缺乏劳动力，无力参加造林。村里有管理山的农户，只有两户没有参加林场，完全是自己经营管理。但他们也同样要向村里交 5% 的提成。

通过调查我们了解到，加池村的山林除自留山是由农户自主经营外，其余管理山都基本上由几个联户林场经营管理。联户林场的建立，既有政府的号召，村里的组织，也有村民的自愿。每个林场都是按股份制运行，并根据各自的特点制订了经营管理制度，特别是砍伐之后的分成制度。这些经营管理制度的制订，都经过村民的参与，得到村民的认可。2004 年水库淹没区杉木林砍伐或出售青山后的分成结果表明，林场的分配基本上是合理的，绝大多数村民都没有意见。

3.3.4 天然林资源保护工程的实施及其影响

据我们在锦屏县林业局的调查，1998 年底，锦屏县即根据国家和贵州省关于实施天然林资源保护工程的部署，对全县范围内的森林实行了禁伐和限伐。由于天然林资源保护工程是中央和国务院的一项重大决策，是在全国范围内大张旗鼓地实施的，因此，对天然林资源保护工程实行的森林禁伐和限伐，加池村绝大多数村民都知道这是国家的统一规定，全省、全县都要实行，谈不上有什么意见，并表示理解与拥护。

对于天然林资源保护工程实行的禁伐和限伐对社区和村民的影响，我们在加池村调查时感觉到，许多村民对此问题似乎并不很关注，也没有什么太明显的反映。例如我们与房东姜绍明的对话：

问：你是否知道天然林资源保护工程实行禁伐区、限伐区划分的规定？

答：不清楚，只知道搞天然林资源保护工程，是乡干部宣传的。

问：你对天然林资源保护工程实行禁伐、限伐有何看法？

答：国家划了只有服从，否则罚款划不来。不过搞好水土保持还是可以的，但农户需要的自用材，还是应当批准。

问：你们家的山林有没有被划进禁伐区、限伐区？

答：不清楚。

问：你们家的山林被划进禁伐区、限伐区，有没有征得你的同意？

答：不知道。

问：如果要将你们家的自留山划为禁伐区，你同不同意？

答：不太同意。那样子我们想用一根木材都不行了。

问：如果国家一定要划，你有何意见？

答：那只能随着国家的政策走，服从国家的需要呀。

问：禁伐前有无木材砍伐指标？

答：不多，有时就分得一根树砍。

关于天然林资源保护工程实行森林禁伐的事，村民姜齐锟也说，听是听说过，但是如何搞就不知道了。关于国家实施天然林资源保护工程禁止采伐山林，村民有什么意见的问题，村民姜绍政说，天然林资源保护工程划禁伐区、限伐区，是国家的政策，不支持、不赞成不可能，但是国家要考虑到老百姓的利益，要给予林农补偿。补偿的标准要听取农民的意见。村民姜纯忠、姜锡义等人也说，国家肯定要有着落，国家总要补偿。

据我们初步分析，加池村许多村民对天然林资源保护工程实行的禁伐、限伐之所以反映不明显，大致有如下的原因：

①由于近50年来3次大规模的伐木建房和20世纪80~90年代对林木的乱砍滥伐，加池村的成熟林木已经所剩无几。据一些村民介绍，天然林资源保护工程实施之前，加池村就基本上没有多少林木可以进行商品性采伐，对森林的依赖已经不是很大，因此，天然林资源保护工程实行的禁伐，对加池村也就没有太大的影响。

②据村干部介绍，目前加池村大面积的杉木林，大多是1990年以后大办联户林场时，在锦屏县木材公司支持经费的情况下新造的。按照与木材公司签订的协议，要到年龄30年时，也即2020年前后才进行采伐。这些杉木林目前还是中幼林，远未达到采伐年龄，因此目前还感觉不到森林禁伐的影响。

3.3.5 森林分类经营区划的实施及其影响

2001年，锦屏县根据省里的部署，进行了森林分类经营区划工作。该区划根据国家林业局《关于开展全国森林分类区划界定工作的通知》和省里的有关规定，将锦屏县的有林地划分禁伐区、限伐区和商品林区3大部分。

在锦屏县林业局，我们看到了该县的森林分类经营区划图。根据分类区划图上标示的区划情况，加池村位于清水江两岸绝大多数的森林都被划成了公益林。据锦屏县林业局有关人员介绍，锦屏县的森林分类区划是2001年由贵州省林业调查规划院承担完成的，在进行区划时，没有与所涉及乡村的村干部和村民见面，区划的结果也没有具体落实到小班和山头地块。也许正因为如此，当我们在加池村调查时，问到有关森林分类区划的情况，村民们几乎都不知道。

由于加池村的村民并不知道森林分类区划的情况，因此，当我们问到公益林禁伐、限伐对他们的影响时，他们往往是按照天然林资源保护工程的禁伐、限伐来回答的。在访谈中，我们感到许多村民都考虑到了禁伐、限伐的后果，对将来的生产、生活表示担心，并提出了一些具体的意见和要求。

我们访问加池村原村支书姜修璧时，他认为实施天然林资源保护工程是个好决定，可以保持生态平衡，防止林木偷盗，保护野生动物生长，但弊端是老百姓的经济利益少了。关于加池村的禁伐区、限伐区是否划到了山头地块，他说他也不晓得，只知道要划。当我们问，如果国家出钱把公益林收购下来，他是否同意时，他说，只要合理作价，老百姓还是赞同的。他认为作价收购，最好按林木一个生长周期结束时的价值收购。但是他也认为，国家划定禁伐区、限伐区，或者收购公益林，老百姓的生存空间少了，国家应考虑老百姓的利益，给老百姓开辟新的生产生活门路，包括修公路、开发旅游、低息贷款等，给老百姓创造新的创收门路。村民姜绍明也说：村里人要用柴火，如果国家收购山林，我们砍柴咋办？要解决生火、取暖的问题，农户用电用不起。

关于公益林实行禁伐后的补偿问题，村民姜绍槐说，如果村里水库淹没区以上的山林都列为禁伐区，农户的生活无法解决。他们这里是靠林生活，林、田互补，田不够吃，靠林来补。搞成生态林，国家要考虑群众利益。补助要落实到个人，或者落实到集体。一次性补偿也不行，村民要生活一辈子，子孙后代还要生活。

在访问中，我们问加池村支书姜齐有，如果联户林场被划为禁伐区，所有林木不准砍伐，你们有何意见和要求？姜齐有说，林场造林时，县营林公司每亩投资 80 元，规定造林后 30 年砍伐，砍伐后每亩必须还营林公司 $1m^3$ 木材。如果划为禁伐区，不准砍伐，就应该有政府单位与营林公司协商，就不能逼我们还县营林公司的钱。你不准我砍伐，我哪里有 $1m^3$ 木材还营林公司呢？同时，县林业局和县政府还要看怎样给我们补偿。

我们问，如果国家把林场的禁伐区买过去，你们同意吗？姜齐有说，我们同是同意，但是我们只卖木材，不能卖山卖土。如果卖了山，卖了土，只是我们这一辈人得好处，以后子孙后代就没得吃了，连柴火都没得砍。如果国家收购，要规划出砍柴山，否则我们连砍柴都没有地方了。借土养木可以，连土都卖了，借土养木都搞不成了。

3.4　看法与建议

　　针对我们在加池村调查了解的情况，以及加池村干部和村民的意见和要求，对加池村集体林经营管理问题提出下列看法与建议：

3.4.1　林权证换发、补发

　　在调查中我们了解到，到目前为止，加池村各农户在林业"三定"中分得的自留山，当时都发放了由锦屏县人民政府盖章的社员自留山证。集体所有分户管理的责任山，只发放了由村集体保存的山林使用证。所有山林均未发放国家林业局统一印制的林权证。由于国家统一印制的林权证明确规定了农户对林地的使用权，对森林和林木的所有权，比县级人民政府发放的自留山证更规范，更权威，更具法律效应，加池村所有被访问到的农户，都愿意将现有的社员自留山证，换发成国家统一印制的林权证。因此，建议锦屏县加快进行林权证的换发和补发工作，使农户真正成为山林的主人，做到"山有其主，主有其权，权有其责，责有其利"。在换发和补发林权证时，要做到无林权纠纷的先发，有林权纠纷的，尽快解决和调处好纠纷后再发。发证时，要严格认真，要与林地主人一起到现场核实四至界线，坚决纠正坐在屋里填发证件的现象。为避免今后的林权纠纷，每个林权证都要求附1/1万的地形图。

3.4.2　联户林场经营

　　兴办各种类型的集体林场，是锦屏县林业体制改革的成就和特色。加池村现有4个联户林场，基本上都是在政府号召、村里动员、群众自愿的基础上组织起来的，经营管理着全村几乎所有的责任山。从20世纪90年代初期以来，林场在县营林公司提供经费支持下，营造了相当面积的杉木人工林。每个林场都在农户集体讨论的基础上，制订了各具特色的经营管理办法。2004 年在三板溪水库淹没区采伐和出售林木后，各林场都按集体制订的管理办法进行分成，群众对分成的结果基本满意。因此，对加池村现有的联户林场，建议继续按农户集体制订的管理办法进行经营，并在管理、市场、技术等方面，给林场提供尽可能有效的扶持和帮助，使其运行得更好。

3.4.3　森林分类经营区划界定

我们在加池村的调查表明，绝大多数村民对国家实施的天然林资源保护工程和森林分类经营是理解和支持的。即使因此而对村里的林木实行禁伐、限伐，断绝了他们本应从山林得到的经济收入，他们也能理解和支持，只是希望国家能帮助他们解决因此而带来的实际困难，补偿相应的经济损失。

关于森林分类经营的区划界定工作，国家林业局在 1999 年 6 月所发《关于开展全国森林分类经营区划界定工作的通知》中明确规定，"森林分类区划界定工作要深入现场，采取'自下而上，上下结合'的办法，按地块和小班，现场认定，不能单纯由业务部门在办公室根据已编制的规划布局界定。"森林区划界定要"依法维护森林、林木、林地的所有者和使用者的合法权益。森林分类区划界定要与林权单位逐一协商，进行现场认定，逐个林班、小班填写登记表，由林权单位负责人和所有者个人签字确认。尤其是要将集体所有的和农民个人所有的林木，区划界定为公益林时，或者要求农民在其拥有使用权的林地上营造公益林时，必须取得其同意。在集体和农民个人不同意时，不得强行区划。"通知还规定，"林权证是森林、林木、林地所有权或使用权唯一的法律凭证。界定工作要以林权证为基本依据，不得随意变更原有的林地所有权和使用权。尚未确权发证的林地以及发证工作以后新增的林地，要根据《中共中央、国务院关于保护森林发展林业若干问题的决定》

（中发［1981］12 号）文件的要求，凡是权属清楚的，由县或县以上人民政府核发林权证后再界定；对擅自改变森林、林木、林地权属和在已经核发林权证的林地上又发放其他证书的，以其原有林权证为准；原林权证登记四至不清或数据不实的要依法核准后再进行区划界定；依法流转使林权发生改变的，森林分类区划界定要在其完成了林权权属变更登记之后进行，非法变更的一律无效。今后再发生流转，不得随意改变林种性质。森林、林木、林地作为一个整体，在管理上不可分割。"

但是我们在调查中却了解到，锦屏县在进行森林分类经营区划时，划分公益林的禁伐区和限伐区，却没有与区划范围内的社区和村民见面。既没有与林权单位逐一协商，进行现场认定，也没有经林权单位负责人和所有者个人签字确认，取得其同意。加池村大面积的山林被划为公益林的禁伐区和限伐区，村里的干部和全体村民却毫不知情。此外，锦屏县集体林区至今没有换发和核发国家统一印制的林权证，但锦屏县却在集体山林和农户自留山没有林权证的情况下，进行了全县森林分类经营的区划界定工作。这种做法与国家关于森林分类经营区划界定工作的要求是不相符合的。

加池村经营杉木人工林已有数百年历史，林业是加池村主要的产业和经济来源之一。目前加池村的山林均是集体所有，由联户林场或村民个人经营。同时，加池村的山林大多位于清水江两岸，是国家进行生态建设的重要区域。为了有利于集体林区林业发展、村民生计、社会稳定和国家生态建设，我们建议锦屏县有关部门严格按照国家林业局关于森林分类经营区划界定工作的规定，对加池村的森林分类经营区划进行重新界定，具体包括：

①尽快给包括加池村在内的农村集体和村民个人经营的山林确权发证，在换发和补发林权证的基础上，对森林分类经营区划进行重新界定。

②在对森林分类经营区划进行重新界定时，要坚持做到与加池村领导和农户逐一协商，进行现场认定，逐个林班、小班填写登记

表，由村领导和村民个人签字确认，并切实落实到山头地块。

③在对加池村森林分类经营区划进行重新界定时，应充分考虑到加池村的特点和实际情况，既要满足国家生态建设的需要，又要考虑到村民的生计需求，切实按照国家林业局 2001 年 3 月发布的《国家公益林认定办法》（暂行）中关于公益林具体划定范围的要求进行界定，避免不必要地扩大公益林的划定范围。

3.4.4　森林分类经营

在完成森林分类经营区划界定工作后，应长期稳定有关林业政策，并制订切实可行的实施细则，使加池村的集体林业真正实现分类经营。商品用材林区的森林经营应完全放开，并逐步取消采伐限额和采伐指标，使村民真正拥有林地的使用权、林木的所有权、经营权、处置权和收益权，并完全按照市场规律进行经营，从而成为山林的主人。公益林区要严格实行禁伐和限伐，可采用国家赎买、委托社区和村民管护，或仍然保留集体所有性质，并实行适当的生态补偿等方式进行经营管理。

3.4.5　禁伐、限伐与森林生态补偿

加池村的公益林区不论是已经划定的或是将要重新界定的，其林地的所有权全部属集体所有，林木的经营方式既有联户林场集体经营，又有村民自留山个体经营。此外，加池村的森林几乎全部是杉木人工林，为落实国家有关"谁造谁有，合造共有"的林业政策，加池村集体和村民个人通过各种方式投资投劳，包括从锦屏县营林公司获得经费支持，才形成了目前全村林木葱茏，满目青山的喜人景象。由于加池村在锦屏县属于交通不便、经济落后的少数民族山村，村民的经济来源有限，全村都把这满山的杉木人工林看成是他们的"绿色银行"，希望通过林业生产增加经济收入。

天然林资源保护工程和公益林区实行的森林禁伐、限伐，使加池村从"绿色银行"获得经济收入的希望受到很大影响，甚至连

县营林公司资助他们造林的经费，他们也没有办法偿还。即使在这种情况下，加池村的村民们仍然深明大义，顾全国家生态建设的大局，对国家将他们村集体和个体经营的大面积杉木人工林划为禁伐、限伐的公益林，表示了充分的理解与支持。他们的唯一要求和希望，就是国家能对被划为公益林的林地、林木给予合理的经济补偿。当然，国家也考虑到了生态补偿这一问题，并从 2004 年起，对非天然林资源保护工程区公益林实行每年每亩 5 元钱的补助。

但是，由于加池村所属的锦屏县是天然林资源保护工程区，就连这每年每亩 5 元钱的补助也没有。因此我们建议，国家有关部门应尽快对集体林区所划公益林的生态补偿问题进行调研，制订出切实可行的补偿方式和补偿标准。我们认为，加池村部分村民提出的按林木一个生产周期的价值进行补偿、补偿要落实到个人或者集体、怎样归还县营林公司提供的造林经费、公益林的林地所有权应该仍然归村集体等建议是值得考虑的。

3.4.6 开辟新的生产门路

加池村相当面积人工林被划为公益林后，村民的生存空间和经济来源必然要减少。因此部分村民提出，希望政府考虑老百姓的利益，给老百姓开辟新的生产、生活门路，比如修建公路、开发旅游、低息贷款、技术培训、劳务输出等。我们认为，村民们的上述建议是值得政府有关部门考虑的。

3.4.7 农村治安

加池村部分村民反映，目前村里治安状况不好，经常出现小偷小摸、偷砍盗伐林木、林权纠纷等现象，影响到社区的稳定和村民的生产、生活。建议当地政府对此情况进行调查处理，并帮助村里建立健全村规民约，在政府和社区群众的共同努力下，搞好村里的社会治安。

参 考 文 献

锦屏县林业志编撰委员会 . 锦屏县林业志 . 贵阳：贵州人民出版社，2002.08.

中华人民共和国农村土地承包法 . 2002.08.29.

中华人民共和国森林法 . 1998.04.29.

中华人民共和国森林法实施条例 . 2000.01.29.

中共中央国务院关于加快林业发展的决定 . 2003.06.25.

贵州省林地管理条例 . 2003.09.28.

附件：加池村富池林场管理规定

发包方：锦屏县文斗乡加池村村民委（简称甲方）

承包方：锦屏县文斗乡加池村富池林场（简称乙方）

为了发展林业，增加森林后备资源，造福于子孙后代，经甲乙双方协商同意，签订本合同，供双方遵照执行。

一、地点、四抵、面积

1. 地点：清水江西岸，小地名官宝辽、观音形、算盘岩等。

2. 四抵：左从加池滩脚大沙坝背破中间岭直到莲花山顶抵本乡南路村山，右凭加池站对面冲至顶上凭莲花山顶抵南路村山为界，下抵大河。

3. 面积：壹仟贰佰亩。

二、承包期

承包期为30年，即从1993年6月1日起至2022年12月30日止。在此承包期中，乙方均享有山场使用权。

三、分成法

以四五、五五而分，即甲方占45%，其中土股占40%，村民委占5%。乙方占55%，其中集体林场占20%，林场管护人员占35%（乙方集体、管护分成受益的名单附后）。

四、在承包期内，因土地权属不清而发生的纠纷，由甲方出面理落，其费用由甲方负担。

五、乙方营造的林木成林后，应由双方向有关部门申请砍伐，未经批准不得单方砍伐。砍伐及搬运木材直至交售结账完毕的一切费用甲乙双方按分成承担，但其森工投劳应以乙方为主。

六、在承包期内若需出售活立木，必须经双方协商后才可出售。出售活立木所得资金按第三条的分成法分成。偿还国家投资由乙方承担，税收及有提留双方各自按比例承担。

七、在承包期内山林发生火灾，由双方共同组织人员扑救。因救灾发生的伤亡费用按分成比例承担。

八、在承包期内若林木需要间伐，其间伐的劳务由双方承担。间伐木必须砍次留好。间伐林木所得款按第三条分成法分成。

九、在承包期内若因自然灾害造成的损失双方都承担责任，若是乙方管理不善所造成的经济损失由乙方负责。

十、在承包期内若林木被盗、被毁，由乙方负责追查，其费用由乙方自己承担。查出偷盗者由甲方按村规民约处理。情节严重者报上级有关部门处理。

十一、在承包期内严禁任何一方以山权占有股份进入林地砍伐木材。如违者每砍一株罚款伍拾元，并没收其所得的木材。

十二、乙方在承包的山场中种植农作物所得的收益均归乙方所有，甲方不参与分成。

十三、在承包期内国家的投资、补助归乙方支配使用，甲方不能无故干涉和提留。

十四、乙方向甲方承包的荒山必须在五年内造完，当年砍伐的必须在当年造完，否则按规定罚乙方之荒抚费，乙方必须按照营造技术规范营造，不得违背。若违背就按违约论处。

十五、在承包期内若国家政策发生变化需要变更合同，双方按变化后的政策协商解决，其中一方不能独立决定。

十六、在承包山中，乙方需要搞各种经营的，应由乙方自由支配，其利用山的产值求比应由甲方在其利用山的方圆一华里内任选同期一亩杉木，以此亩的产值来为标准参照补给甲方所占部分。如仅需短期则以参照每亩的年平均值补给甲方，而乙方必须在第十、十五、二十、二十五年四期内每期每亩先在承包期内预付100元现款给甲方。

十七、在承包山中，现有的成材林属甲方所有，松木、杂木和杉木残次林由甲乙双方协商处理。

十八、在承包山中，由村已划定给农户的自留山部分是否交给乙方造林，由双方协商决定，村委不提留，不干涉。

十九、凡参加与乙方占有股份造林人员，不论男女老少，村内村外人员均有占有的权利和转让、变卖股份的权利，甲方有权督促执行（其股份包括出嫁、转非、外迁户在内）。

二十、违约责任：合同经双方自愿订立，双方应共同遵守，不得违约，否则由违约方赔偿守约方的实际损失。

二十一、本合同经公证后即生效。

甲方 法定代表：姜修璧（章）

乙方 法定代表：姜齐勋，姜国文（章）

附件：文斗乡加池村富池林场受益名单

一、甲方成数分配办法由村委和各生产小组负责（45%）。

二、乙方受益名单（占55%）

1. 林场（集体）占20%，其受益名单如下：

姜齐勋，姜修璧，姜齐柏，姜绍青，姜绍武，姜绍锦，姜绍祝，姜有凡，姜有名，姜坤明，姜绍英，姜绍锋，姜齐富，姜国文共计14人。

2. 管护者（占35%）

文斗乡加池村民委（章）

文斗乡加池村富池林场 姜齐勋，姜国文（章）

1992年元月2日

第4章

锦屏县菜园村公益林使用权调研报告

4.1 菜园村基本情况

菜园村属于三江镇，位于清水江畔锦屏县西南部，东经109°7′12″~109°10′15″，北纬26°37′52″~26°40′32″，东临本镇龙塘村，南邻本镇清江镇，西与平略乡留纪村相接，北与平秋镇高岑村相邻。东西长7km，南北长3.2km，总面积16932亩，清水江横贯村境。

菜园村地处云贵高原东部向湘西丘陵盆地过渡地带，属低山区，清水江从西部向东部穿越。地域内最高处海拔898m，最低处海拔297m，境内主要山峰有7个，平均海拔550m左右。地势由北向南倾斜，起伏较大。菜园村林场所在地区属江南古陆，其构造单元处于华夏系雪峰山褶的皱隆起南端和南岭纬向复杂构造的北边，出露地层为前震旦纪发育较好的上板溪群。据1983年全国第二次土壤普查，该村主要有地带性的黄壤和黄红壤，其母岩属板岩。

菜园村的天然植被在地带性植被上属中亚热带常绿阔叶林带，为暖温带，亚热带植物区系成分，但由于该村具有长期栽植杉木的习惯，所以经过人为活动，现在该村整个植被已演变成为现地的零星分散的次生乔灌混交林和人工植被群落类型，在占优势的人工植被群落中，以杉木林为主，由于地势变化小，植被的垂直分布没有明显差异。

菜园村地处中亚热带湿润季风气候区，属中亚热带温暖湿润气候类型。年日照时数为 1093.5h，年平均降水量为 1326.2mm，年平均气温 16.4℃，极端最低气温 -8.4℃，极端最高气温 38.3℃，各项气候因子表明该村具有冬无严寒，夏无酷暑，气温温和，雨量充沛，湿度大，热量丰富，雨热同季，温暖花季，干湿季节分明，潮湿雾大，构成了良好的环境条件，对树木生长，林业生产十分有利。

菜园村统辖 14 个自然寨，分设 9 个村民组。全村 267 户 1300人。村民大部分是侗族，其次是苗族。土地总面积 16932 亩。其中耕地（田、土）1600 亩，林业用地面积 13488 亩，占总面积的79.7%。有林地面积为 8436 亩。侗苗两家和睦相处，世代以林为生，林业是菜园村的支柱产业。

4.2 调查目的、过程与方法

4.2.1 调查的目的

以贵州省锦屏县三江镇菜园村为案例研究地点，结合天然林资源保护等林业生态工程的实施，对集体林区公益林的所有权和使用权问题进行调查研究，总结锦屏县历史上林业经营管理和近几年林业产权制度改革的经验，为促进贵州省林业分类经营工作和集体林区生态公益林产权制度改革提出相关政策建议。

4.2.2 选点的理由

调研点为贵州省锦屏县三江镇菜园村，选该村为调研对象之一的理由是：

①菜园村是一个靠山吃山，世世代代以林为生的典型林业社区，其经济主要来源于林木采伐、加工、运输和其他与林木相关的活动，有丰富的社区林业经营管理的历史经验。

②该村地处清水江两岸，在天然林资源保护工程中，属于禁

伐、限伐区范围。

因此，天然林资源保护工程的实施对菜园村社区和农户的影响较为突出，而且该村60%左右的森林均属于集体林，在反映南方集体林区问题方面有一定的代表性。

③菜园村林业产权在集体权属和个体权属方面有一定的代表性。

4.2.3　调查过程与方法

根据本调研项目的目的与内容，项目组制定了详细的实施方案。课题组主要采用了参与式农村快速评估方法（PRA）进行调研，即二手资料收集、群体访谈、个体访谈、座谈会及关键信息人物访谈等方法，充分听取菜园村村民及当地政府的意见和建议。本次调查工作过程分为3个阶段完成。

第一阶段为选点阶段。贵阳调研组成员于2005年7月2~3日到锦屏，与锦屏项目成员座谈，进一步确定调查乡、村为大同乡绍洞村、河口乡加池村以及三江镇菜园村。

第二阶段为野外调查阶段。由于本次调查主要为调查乡、村的调查，调研组成员共分为3组，于2005年7月4日进驻各自的调研村寨。菜园村调研成员于7月4日在该村小学活动室召开了新老村干及部分村民代表大会，共23人参加了会议。随后几天菜园村调研组在该村采用随机抽样的方式，抽取了19户农户进行了访谈。7月5日晚，在村长家召开了妇女会，13位妇女同志参加座谈。并于7月7日返回锦屏县城。

第三阶段为资料整理及报告写作阶段。调研组在锦屏县城就3个调研点的调研情况交流总结并对二手资料进行分析整理，对不足的二手资料进行了补充。拟定写作提纲，确定调研报告写作与分工。10月8~13日，调研组返回锦屏县，对各调查村寨及其所在的乡镇进行补充调查，同时在锦屏县将本报告初稿向县林业局及有关部门的领导进行了反馈，对报告的进行修改及补充完善。

4.3 主要发现与分析

4.3.1 林业产权历史回顾和现状

4.3.1.1 林业产权历史回顾

该村由于距离城镇较近，村民与城镇之间的交流较频繁，村民对各类信息的获取相对容易，并且，国家的许多农业、林业政策在该村都有不同程度的贯彻与实施。据调查，自新中国成立以来，该村实施的与林地林木权属该村实施的与林地林木权属相关的主要林业政策及法律法规包括：

（1）土地改革运动　自1950年6月28日中央人民政府委员会第八次会议通过的《中华人民共和国土地改革法》规定之后，同全国一样，菜园村也实施了"土地改革"运动，按当时的政策，地主山林面积500亩以上的和几个木业商号经营的山林收归国有，500亩以下的山林归地方政府分配给贫下中农管理使用。据该村村民介绍，菜园村把地主和富农的土地大部分收归村集体所有，把其中少部分零星的、不成片的土地分给农户个人。

（2）合作化、人民公社、"四固定"时期　在1953年2月15日中共中央发布《关于农业生产互助合作的决定》和1954年1月8日又发布《关于发展农业生产合作社的决议》之后，农民所拥有的"山权"、"林权"与经营体制，随着合作化的进程，开始发生了变更，这一时期为山林私有制转变为集体所有制时期。1953年成立互助组，1955年成立初级合作社，菜园村将原来"土地改革"时期分配给农民的山林绝大部分转为集体所有，仅极少部分保留作为私人山林；1956年成立高级合作社，各家各户的山林折价入社；1958年下半年实行人民公社制度，人民公社所属范围内山林都无偿收归公社、生产大队所有；1958年，"大规模的大炼钢铁"运动中，菜园村森林遭到严重破坏；1961年撤消大公社恢复小公社后，大部分山林固定到生产队或生产大队所有。据村民介绍这一时期经有关会议讨论决定：挂治乡划拨 5000 亩土地给菜园村集体管理。这便是后来的菜园村集体林场、四料林场、三德林场的土地来源。1963 年，菜园林场正式成立。据当地村民介绍，期间国家鼓励农户造林，由国家无偿补助钱、粮，林业站的同志指导和验收，菜园村林场大规模造林主要集中在这个时期。1973～1976 年，菜园林场林木进入间伐期，间伐所得收入大部分用于林场造林面积的扩大，各农户也有收益，再加上国家实行造林返还金，生产大队发动广大农户大量造林，因此该时期林场事业相当红火。

(3) 林业"三定"政策　自 1981 年农村推行"家庭联产承包责任制"之后，中共中央、国务院发出《关于保护森林发展林业的若干问题的决定》（1981）21 号文件，贵州省开展了以"稳定山林权，划定自留山和制定林业生产责任制"为主要内容的林业"三定"工作，到 1983 年底结束，集体山林权属得到了进一步确认，从集体山林中划出部分为农户自留山。据调查，菜园村村民有集体山林、责任山、自留山的概念，并表示自留山都已发放县政府盖章的自留山证，责任山均有收据或称有合同为证（调研组在菜园村未见原件和任何复印件），但对责任山、自留山概念经常混淆，"二山变一山"的现象很常见。

(4) 分户经营时期　1985 年，中共中央、国务院颁发了《关于进一步活跃农村经济的十项政策》，在集体林区实行"取消木材统购，放开木材市场，允许林农和集体的木材自由上市，实行议购议销"的政策，在林业"三定"的基础上，在生产资料归集体所有的前提下，将集体山林划分到户经营。据介绍：菜园村当时并未将村集体山林划分到户进行分户经营，而是将集体的土地除去村集体林场后，分为三大块：一块分给三德一、二组；一块分给上料、下料、小归料、大归料 4 个组；一块分给菜园、便团、占反 3 个组。三德一、二组的这一块土地后来建成三德林场，上料、下料、小归料、大归料 4 个组的土地成为四料林场的土地来源，而只有分给菜园、便团、占反 3 个组的这一块土地在分到户经营阶段已被分到农户各户手中，实现了分户经营。所以说在菜园村村集体林场、三德林场、四料林场从未分到户过，而真正意义的分户经营只在菜园、便团、占反 3 个组实现了。

1987 年，中共中央、国务院颁发了《关于加强南方集体林区森林资源管理，坚决制止乱砍滥伐的指示》（中发［1987］21号），贵州省全省各地采取有力措施认真贯彻执行中央文件精神，进入重新组合阶段。据在菜园村的调查，由于菜园并不是大规模的分户经营，因此菜园并没有再重新组合。

4.3.1.2 林业产权现状

锦屏县林业产权分为四类：国有权属、集体权属、个人权属和混合权属。而在菜园村森林、林木和林地所有权、使用权，则主要分为以下两种：

（1）村集体所有的山林 它是指"三权"仍属村、组集体全体村民所有和林地使用权虽划分到户，但林木所有权仍归全体村民所有的山林。菜园村村集权属的山林分为两种，其一是菜园村集体林场。林场林地、林木所有权和使用权均属村集体所有，共有面积 3819 亩；其二是组林场。指 20 世纪 80 年代建立的三德和四料两个组林场，组林场的林地、林木均属村民组集体所有。其中三德林场 370 亩，四料林场 780 亩。锦屏县全县集体所有的林地、林木面积为 34.4 万亩，村集体所有的山林（包括村集体林场、三德林场、四料林场）共有 4969 亩，占全县集体所有山林面积的 14.6%，占全村有林地面积的 58.9%。因此村集体权属占多数是菜园村特色之一。

（2）私人个体所有的山林 它是指林地使用权、林木所有权统一，农户个体所有的山林。这部分有林地是林业"三定"和分户经营时，划分到农户自己投资、自己造林自己管护，产权完全属于个体所有的林地。菜园村林农自留山和责任山森林、林木、林地使用权均属农户个体所有。据村民介绍：林业"三定"时，菜园村自留山是按每户 3～5 亩划分的，而责任山则是按照"谁造谁有"的政策，多造多得，因此，劳动力多的农户有责任山 40 多亩、劳动力少的则只有 20 多亩、10 多亩不等，有的甚至于没有。

菜园村村集体林场和村三德林场、四料林场两个组林场已发山林权所有证，个人的自留山已发自留山证（调研组在菜园村未见原件和任何复印件）。但据当地林业站同志介绍，山林权所有证的发放的普遍做法是：林业站人员进入村→村小组开会动员→小组、村民上山采山→小组自己登记造册、填写四抵→公社审查盖章→统计成册→县政府审核发证。由于条件有限且工作任务十分压头，林业部门的同志并未对林地、林木进行实测，而是由村民或村民小组进行目测，实际审核工作主要是公社来做，因此菜园村山林权所有证发放遗留问题较多。而且调研组还了解到与菜园村相邻的其他村均是采取如此做法来发放山林权所有证的，因此还存在菜园村与其他邻近村寨的林权纠纷隐患问题。

4.3.2　天然林资源保护工程区实行禁伐和限伐村民的态度和看法

据县林业局同志介绍，1999 年天然林资源保护工程实施以来，锦屏县森林资源得到很好的保护，森林覆盖率上升，生态环境得到恢复，近年来已有野猪、野羊出现。2001 年，锦屏县开始森林分类经营区划工作，但由于当时工作任务重、时间紧，没有经验，只根据分类界定的技术规程与实施细则进行了分类界定，其结果并未与村民见面，也就是说村民对自己的山林是属于禁伐区、限伐区还是商品林区并不知情，这一点在菜园村的调查中得到了印证。由于菜园村离县城距离较近，所获得的信息较多，因此村民对天然林资源保护工程实行禁伐区、限伐区都有所耳闻，但并不十分清楚其内涵，在调研组成员问道：你们村组、你们家的山林有没有被划为禁伐区和限伐区的问题时，多数农户并不能清楚地回答。以下是调研组成员对该村部分村民的访谈记录。

对村民龙宪明的访谈：

问：你是否知道天然林资源保护工程实行禁伐区、限伐区划分的规定？

答：晓得。

问：你们村组、你们家的山林有没有被划为禁伐区和限伐区的？

答：有吧?! 具体是禁伐区还是限伐区我也不清楚。

对村民龙正松的访谈：

问：你是否知道天然林资源保护工程实行禁伐区、限伐区划分的规定？

答：晓得有天然林资源保护工程，但具体的什么内容我不清楚。

对村民龙正华的访谈：

问：你是否知道天然林资源保护工程实行禁伐区、限伐区划分的规定？

答：不晓得。

问：你们村组、你们家的山林有没有被划为禁伐区和限伐区的？

答：不晓得是禁伐区还是限伐区，估计是禁伐的，因为不准砍。

村民对天然林资源保护工程区实行禁伐和限伐的态度和看法有以下两种情况：

（1）认为不应该　这部分村民认为菜园村长期形成的自产自销、良性循环模式好，天然林资源保护工程区实行禁伐和限伐后村集体利益和农户个人利益均受到影响，是不欢迎、不支持的态度。

（2）认为可以接受　这部分村民认为这是国家制定的政策，虽然无奈，但也可以接受。但希望国家采取相应的政策保护林农、农村社区利益。

4.3.3 天然林资源保护工程区实行禁伐和限伐对社区和村民的影响

1999年实行天然林资源保护工程之前，林业是菜园村的支柱产业，从产值比较，居农、林、牧、副、渔五业之首。尤其被列为《乡村林杨自我良性循环改革试验》项目的试点以来，集营林森工于一体，通过产销一条龙的形式，取得了年平均产值占全村总产值的54.03%，人均年总产值达881元的重大突破。菜园村依靠林业收益，投入28万元修建了砖混结构的菜园小学教学楼；投入48万元架设了高压线解决了全村用电问题；投入17万元为林场修建了砖混结构的综合楼；为全村安装闭路电视投入17万元；为改变林种结构投入4000元新造了100余亩经济林；为减少森林消耗投入7000元为全村230户改灶节柴；每年投入2580元抚育防火线8.6km；以林促农用1万元购杂交稻种支持农业生产；以林促教每年解决民办教师工资4320元，奖励品学兼优的学生7000~8000元；除此以外，每年还出资2000~3000元解决菜园村架桥、修路等急需解决的问题。在保公益事业后支出后，再按人口分红，每年可分到50~150元不等，菜园村农村社区和农户实实在在的从林业中受益。

1999年实行天然林资源保护工程并实行禁伐和限伐之后，由于林业产值的锐减，菜园村社区和农户的方方面面都受到了影响。主要表现在以下几个方面：

4.3.3.1 对社区的影响

(1) 村公益事业受影响 1999年实行天然林资源保护工程之前，菜园村村委会可依靠林业收益解决很多村集体的公益事业；实行禁伐和限伐之后，村公益事业已无资金支撑。村干们无奈的说：没钱，想干什么都不行！

(2) 森林管护工作受影响 根据1992年村集体林场的收益分

配情况显示，菜园林场的收益分配主要考虑留足积累，兴办公益事业，用于农业生产基金以及村干、林场场员、村民的劳务补助等4个方面。其中的留足积累就是主要作为林业发展基金。据村民介绍，1999年以前，村集体林场的林业收益每年均要留出5万元左右作为留足积累资金。1999年实行天然林资源保护工程之前，菜园村的森林管护资金就主要由这部分村林业发展基金来支出，1999年后已无此项收入，村集体山林的管护经费的来源也就成了一大难题。据介绍，1999年至2005年菜园村用于森林管护经费（主要是开设防火线和请护林员）达4万余元，政府有时也给予少部分资金支持，但往往是杯水车薪。目前，菜园村因森林管护工作负债4万元。该村其他两个组林场同样各有负债。

（3）乡村林场的生存已成问题 据介绍，由于没有了经费的支撑，菜园村的两个村民组林场，四料林场与三德林场，目前也是各有负债，林场经营管理工作处于瘫痪状态，林场的生存已成问题。

四料林场始建于1982年，到2002年结束，经过20年的营造和管护，现以郁闲成林，面积共计780亩。四料林场属菜园村上料组、下料组、大归料组、小归料组共同营造，所以称之为"四料林场"。四料林场土地属村民组集体所有，在1982年，村民为响应党的号召，组织起来植树造林。历年来，山区人民生活主要依赖于林业，原有"座山吃山，吃山养山"、"一寸木头，一寸金"之说法。在党的号召下，群众造林的积极性很高，纷纷组织起来造林育林。当时，四料林场的上料组、下料组、大归料组、小归料组的村民造林是自己投工投劳，按照每年每组抽10人去造林，国家给予一定的社会造林补助，1亩补助5~6元，10kg粮食（粮食需要用钱购买），但国家的这一点补助是远远不够的，林场只能向银行贷款，可银行又不同意借贷给林场，林场只能以村民的名誉首先向信用社借贷，然后，林场再向村民借贷，从而形成了银行、农户、林场的"三角债"，林场前后共计借贷了5万多元。在禁伐前，林场对林木进行了抚育间伐，有了一点收入，还了2万多元的借款。1999年锦屏县实施了天然林资源保护工程，实行了天然林禁伐、人工林限伐后，四料林场全部被划为生态公益区，上级没有任何采伐指标，就连抚育间伐也停止了，由于林木不能采伐变现，目前尚有3万余元借款没有资金偿还。在禁伐前，林场曾经请有两名护林员，每人每月180元的管护工资，禁伐后，由于没有资金来源，就请不起护林员，目前林场已无专门的护林员。当调研组问道现在如何管护时，村民说"现在只能靠大家来共同管护了"。说是大家管护，也就等于没有人管护。村长只有无奈的承认四料林场已处于瘫痪状态了。

三德林场属三德自然寨一、二组全体村民共同营造的林场，始建于1982年，历时3年，面积370余亩，场员25名，土地和林木均属三德一、二组集体所有。村民是按照投工投劳的办法，自己营造，政府也有一定的社会造林补助，每亩补助现金5~6元，粮食10kg。当初约定成材出售后，按照3∶7分成，组集体占3成，投工投劳的村民占7成。从造林到2003年林场没有采伐，也没有产生效益，直到2004年冬被大雪压倒、压断很多林木后，才申请到一定的雪压材指标，对雪压的林木进行清理，收入5万多元，占去了整个林场的1/3。对收入的这5万多元，三德林场在征求组村民的意见后，同意把本次收益作为组占3成的集体收益，全部用来修建从高岑至三德的通村公路，总长达5km，解决了村民历来依靠肩挑背驮搬运农副产品的局面。但村民当初投工投劳的投入已经没有资金对现，只能把未采的伐林木作为村民占7成的投工投劳股，等以后采伐再进行兑现。三德林场曾经请有一个护林员对林场进行管护，每月150元，由于林场没有收入，一直没有付过一分钱。目前，这名护林员已经于2003年去世，林场共计欠这名护林员的管护费37 800元，直到死这个护林员都没有领到一分管护费。林场一个负责场长说："林场只能等到卖木材后，付给他的儿子了"。

4.3.3.2 对农户的影响

（1）农户经济收入结构发生重大变化　据该村村民介绍：由于菜园村的特殊的地理位置，山多田少，1999 年以前，菜园村农户经济收入 70% 以上来至于林业收入，因此此地的农户也被称为林农。1999 年以后，据调查该村农户经济收入 70% 依靠外出打工收入，农户经济收入结构发生重大变化。根据调研组收集的资料显示：菜园村 1989 年林业在经济活动中占的比重较大，为五业之首，而 2004 年林业在该村经济活动中所占的比重已经很小很小了。

菜园村 1989 年及 2004 年农林牧副渔五业收入情况　　　　万元

年度	总计	农业		林业		牧业		副业		渔业		其他	
		产值	%	产值	%	产值	%	产值	%	产值	%	产值	%
1989	43.1	15.7	36.4	14.1	32.7	6.3	14.6	5.1	11.8	0.7	1.6	1.2	2.8
2004	95.2	17.0	17.9	0.23	0.24	6.5	6.8	70.5	74.1	0.37	0.39	0.6	0.63

（2）部分农户生活受影响　1999 年天然林资源保护工程施行后，菜园村部分曾从事木材生意的"小木材老板"面临再择业、就业问题；部分村民由于外出打工条件受限（老人、无技术或身有疾病村民）生活困难；申请民用材程序繁琐、费用高，村民怨声大。

4.3.3.3 对妇女的影响

2005 年 7 月 5 日，菜园调研组在村长家召开妇女座谈会。共有 13 人参与了座谈。原定 19：00 开始的座谈会，由于妇女们在附近电站做工而推迟到 21：00。座谈会上妇女们畅所欲言，菜园村调研组发现：

①林区妇女参与当地大部分林业有关活动，是林业生产活动中的有生力量。妇女参与造林整地、植树造林、幼林管护、抚育间伐、成熟林木的砍伐等整个林业生产活动，但林业收入占家庭收入

的比例并不清楚。

②1999年天然林资源保护工程实施后，越来越多的林区农村男劳动力外出打工，农村妇女在林区的生产生活中作用愈加重要。

③妇女普遍文化程度偏低，相关的技术技能不足。从参加座谈人员文化程度来看，初中以上文化程度人数仅为2人，占总人数的15.4%。13人中，没有一人接受过有关部门组织的相关技术培训。

④妇女受天然林资源保护工程实施禁伐限伐影响。禁伐前，菜园村妇女每天的工作是做家务、养猪、养鸡、做农活、照顾老人和小孩及上山从事体力较轻的林业活动；禁伐后，妇女们除了做家务、养猪、养鸡、做农活、照顾老人和小孩外，还要同男同志一起外出打工或在村附近打工。另外，由于林木禁伐，妇女砍烧柴也困难。妇女们还表示，养猪围圈、煮猪食也需要木材和柴火。据调研组在菜园村7天的调查中发现，该村大多数妇女4：00～5：00就要起床喂猪、喂鸡、做早饭，把家里一切家务事打点好后，出门在附近的电站打工。直到19：～20：00才回到家里，还要做饭、洗衣再打点家务事，22：00～23：00才能休息。年复一年，日复一日，菜园村妇女毫无怨言的、辛勤的劳作着。天然林资源保护工程区实行禁伐和限伐对后妇女生活比禁伐前要"苦"得多，实行禁伐和限伐对妇女生活有影响。

综上所述，林区农村妇女是林区不可或缺的力量之一。解决生态林区所有权和使用权问题，找寻生态公益林区可持续经营的途径，妇女这一群体是不容忽视的。

4.4 问题与建议

4.4.1 主要问题

4.4.1.1 林业政策问题

林业政策长期不稳定。政策的连续性依赖于政府行为的安全性，而长期以来我国的政府行为在农村的表现又是极不稳定的。众所周知，1952 年土地改革，20 世纪 60 年代初的"四固定"，1981～1983 年的林业"三定"，"两山"责任制，给农民留下了深深的印痕。往往政府由于许多不得已的原因，通过一个指示或文件就可能改变政策初衷，改变农民与国家、集体的权属关系，带来权属问题的不安全感，造成老百姓对林业政策的疑惑与不信任。

4.4.1.2 林业产权问题

林业产权不明确。

（1）林权证问题 菜园村村集体林场和村三德林场、四料林场两个组林场已发山林权所有证，个人的自留山已发自留山证（调研组在菜园村未见原件和任何复印件），责任山部分只有"票"，是几家人共有一份"票"。据当地林业站同志介绍，山林权所有证的发放的普遍做法是：林业站人员进入村→村小组开会动员→小组、村民上山踩山→小组自己登记造册、填写四抵→公社审查盖章→统计成册→县政府审核发证。由于条件有限且工作任务十分压头，林业部门的同志并未对林地、林木进行实测，而是由村民或村民小组进行目测，实际审核工作主要是公社来做，因此菜园村山林权所有证发放遗留问题较多。而且调研组还了解到与菜园村相邻的其他村均是采取如此做法来发放山林权所证的，因此，还存在菜园村与其他邻近村寨的林权纠纷隐患问题。

（2）确权问题 明确的产权必须"四权"合一，即：所有权、经营权、处置权、收益权的有机融合，缺一不可。但由于国家林业政策的长期不稳定性，造成产权关系的不明确性，林地林木权属往往得不到很好的落实。《荒山使用权有偿转让合同书》中明确规定受让者拥有对有效使用范围内荒山的使用权、收益权和处置权，但其又规定进行采伐更新须报请有关政府部门审批和办砍伐证。目前由于修建三板溪水库，菜园村有不少移民搬迁户申请民用材的砍伐。据村民介绍：建房用材砍伐的程序相当繁杂，而且费用也繁多。

菜园村村民申请民用材建房的程序：本人书面申请→村委会签字、盖章认可无纠纷→村民携书面申请到三江镇林业站申请采伐指标→林业站人员到村民山场核实、填写民用材采伐申请表→村民携民用材申请表到村委会加盖村委会公章→村民到县移民局签字盖章→村民到林业局林政股签字→林业局分管局长签字办理完成。

共需上交费用包括：林业费金 12 元/ m³（县林业局收）、核实费 8 元/ m³（三江镇林业站收）、工本费 5 元/本（林业局收）、保证金 50 元/ m³（交三江镇林业站保管）。

村民说：我们自己造的林，砍伐来自己用，程序还这样复杂，而且上交的保证金（实际为风险金），有一点不小心（指超伐一株以上），就退不回来了。据调查村民交三江镇林业站的风险金是一次性交清，申请村民按采伐证规定砍伐结束后，经林业站核查，如未违反采伐证所规定的采伐株数、采伐地点、采伐时间、采伐方式等有关规定，则把风险金如数退还村民。如经林业站核查，违反以上规定，则把风险金作为对村民的处罚金，不再退还村民，如采伐过程中严重违反有关规定，则需追加处罚。村民们说：这样的话，自己家的林子根本没有处置权，成了"我造公有"，而不是"谁造谁有"了。的确，确权问题不解决不但使林农的根本利益受到损害，而且林农造林和森林管护的积极性也受到严重影响。

4.4.1.3　森林分类区划问题

9 号文件指出，"全国林业区分为公益林和商品林两大类，分别采取不同的管理体制、经营机制和政策措施。"这是针对我国林业过去 50 多年来或者重视经济效益忽视生态效益，搞"禁伐主义"的两种极端倾向提出来的。它符合我国的国情和林情，是我国林业经营思想和发展战略的科学发展思想。但它在实施中不可避免地会遇到新的矛盾、新的问题。针对菜园村森林分类区划工作，菜园村村民、村委会及各级组织介绍：

（1）菜园村森林分类区划未与有关人员见面 锦屏县森林分类区划已上报州林业局及省林业厅，并发给各乡镇林业站作为森林分类经营的依据。但该区划虽已落实到地图上，却未落实到山头地块，更没有与相关的农户、林场、造林大户、村民委员会、乡镇领导见面。老百姓在不知情的情况下，对政府工作不理解，甚至会有一些误解，这对各方面工作开展和落实均是不利的。

（2）菜园村森林分类区划工作未能充分考虑以下特点 一是菜园村气候温和，土层深厚，各种条件均适于各种林木生长，森林植被恢复能力强，恢复速度快，森林覆盖率高，不属于生态脆弱的石山区、风沙区，而是生态良好区。二是菜园村人工栽杉已有四五百年的历史，天然林少，人工林多。三是菜园村历来属于南方集体林区，林木和林地大多属于村级集体所有，而不像北方国有林区，林地和林木均属国有。据介绍：菜园村森林分类区划工作与锦屏县同步，根据国家林业局（林策发〔1999〕191号）《国家林业局关于开展全国森林分类区划界定工作的通知》文件精神规定"……江河源头，水系干流、支流两侧（以山脊为界）"的规定，将清水江沿岸的山林以第一个山脊为界划分为禁伐区和限伐区。这种划分与锦屏县的具体情况及菜园村的具体特点是不太符合的。因此，菜园村森林分类区划工作未能充分考虑其具体特点。

4.4.1.4 菜园村妇女问题

有关部门对妇女的关注和重视不够。林区农村妇女是林区不可或缺的力量之一，而有关部门在制定相关政策和相关政策的实施过程中，对妇女的关注和重视不够。调研组在菜园的调查工作中发现，妇女受教育程度低，有对农业技术培训的需求，但从来参加座谈的13名女性来看，其中也没有一人受过任何部门组织的专业技术培训。

4.4.1.5　菜园村森林管护问题

据调研组调查，目前菜园村的村集体林场和两个村民组集体林场没有资金的支撑，或已处于瘫痪状态，或正将处于瘫痪状态。森林防火、防治病虫害、森林管护等工作也基本处于停滞状态，如果这一工作长期得不到解决，不旦森林恢复的成果得不到巩固，还有可能造成更大的森林资源的破坏。

4.4.1.6　菜园村林农受益问题

菜园村是一个世代以林为生的传统村寨，村民有自己投工、投劳、投资造林的习惯，1999 年天然林资源保护工程实行禁伐、限伐后，村民们在林业上的获利直接被截断。虽然国家有天然林资源保护工程资金，但由于种种原因，相关利益并不能具体在广大林农身上体现。

4.4.1.7　菜园村村民受教育问题

据调查，菜园村近年来外出打工和就近打工人数逐年上升，但由于菜园村村民受教育程度普遍偏低，专业技术不足，而往往是在外做"苦工"和手工活。这对林农从事其他行业，减少对森林的依赖是十分不利的。

4.4.2　相关建议

4.4.2.1　明晰产权，完善林业体制及相关制度

明晰产权在菜园村首先要解决确权发证问题。正如前面所述，由于种种原因，菜园村的确权发证存在种种不足，新一轮的确权发证工作，要立足于林农们的实际情况，林业部门同志要深入山头地块，县委统一领导，县政府统一指挥，国土、农业等部门参与，乡镇负责组织，以村为单位具体实施，由县乡两级财政和县林业局提

供必要的工作经费，最后发放国家统一印制的林权证。真正实现"山有其主，主有其权，权有其责，责有其利"，建立起经营主体多元化，权责利相统一的林业经营管理机制。

4.4.2.2 做好森林分类经营工作

森林分类经营工作是符合我国国情和林情，是符合科学林业经营思想和发展战略的。菜园村的森林分类工作要在国家大的方针政策下，立足于菜园的实际情况进行。锦屏县森林分类区划实行3：3：4比例（即禁伐面积：限伐面积：商品林区面积＝3：3：4），菜园村可在此基础上适当增加商品林区面积。对于在传统的商品林区划分为生态公益林，国家要给予合理的及时的补偿。要加大宣传力度，把落实到山头地块的区划工作宣传到各家各户，让老百姓知情。

4.4.2.3 加强林农的森林管护意识，解决好森林管护经费，让林农的利益与管护挂钩

针对菜园村村集体林场和两个村组集体林场已缺乏基本的森林管护资金的问题，要切实引起有关部门的重视，否则一旦有森林大火或其他管护问题出现，则后悔晚矣。

4.4.2.4 关注农村妇女，提高农村妇女能力

当前妇女已经成为农村建设的主要力量之一，有关部门在制定政策及政策实施过程中，要关注农村妇女，倾听她们的声音，尊重她们的意见。要切实地把提高农村妇女能力看作一件大事来抓，搞好妇女的相关技术技能培训及有关知识的学习和提高，让农村妇女更自信，与男性们携手走入和谐社会。

4.4.2.5 建立完善生态补偿机制

所谓生态补偿机制，即自然资源使用人或生态受益人在合法利

66666666

用自然资源过程中，对自然资源所有权人或对生态保护付出代价者支付相应费用的固定做法。建立这种机制的目的在于支持和鼓励生态脆弱地区更多承担保护生态而非经济发展的责任。鼓励"谁受益、谁补偿"、"谁破坏、谁恢复"、"谁污染、谁治理"的生态补偿原则，建立下游地区对上游地区、受益地区对受损地区、城市对乡村、富裕人群对贫困人群的生态补偿机制将可平衡各方利益。生态补偿机制是再造绿色西部的强力保障和长效之路。

积极引导林区农村闲置劳动力外出打工、就业，加强相关技能技术的培训及相关法律法规知识的学习，同时建立健全农村相关的社会保障体系。

国家实施天然林资源保护工程以来，世代以林为生的菜园村存在大量剩余劳动力，积极引导农村剩余劳动力外出打工是增加农民经济收入和解决林农吃饭问题的重要措施之一。加强农村外出打工人员的相关技能技术培训及相关法律知识的学习，对农村人员在外打工和增强自我保护意识将会起到积极的作用。对于年龄较大，确实没有劳动能力的林农，发放农村社会最低生活补助。

参 考 文 献

中共中央国务院关于加快林业发展的决定. 2003，06. 25.

生态补偿机制再造中国绿色西部. 新华网. 2005，06. 05.

耿生茂. 菜园林场木材流通体制有利于生产力的发展. 见：锦屏县林业志编撰委员会. 锦屏县林业志. 贵阳：贵州人民出版社，2002，08.

后记

　　在调研报告和案例研究的写作过程中，我们收集了国家林业局、中共贵州省委政策研究室、贵州省林业厅、锦屏县林业局等有关部门关于森林分类区划界定、集体林区体制改革、天然林资源保护工程实施等方面的一些通知、办法、工作意见、技术方案、区划报告、经营方案，以及锦屏县长王甲鸿的政府工作报告，原黔东南州林业局局长、副州长单洪根，贵州省林业厅童璧刚、胡庆昌，原锦屏县林业局副局长朱守剑等撰写的有关林业产权改革和林业分类经营的调研报告等二手资料，参考或引用了其中的部分内容。由于所参考、引用的上述资料没有正式发表，故未在正文中列出，特此说明，并向上述资料的作者单位和个人表示谢意。

编　者

2007 年 5 月